A conserver, à cause dela
suite des marguerites.

18756

A conserver, à cause de la suite des marguerites.

Les Marguerites françoyses, ou fleurs de bien dire. PAR F.R. des Rues

A ROVEN.
Chez THEODORE REINSART, pres le Palais, à l'Homme armé.

A·TRES-ILLVSTRE

ET TRES VERTVEVSE

Dame Marguerite de Rohan, Marquise de Duretal, & Dame d'Espinay.

MADAME,
Ayant recogneu que la premiere odeur de ces Fleurs, baptisees de vostre auguste nom, vous auoit esté fort agreable, par le tesmoignage mesme qu'il vous pleut de m'en rendre, les vous presentant en vostre maison paternelle & Chasteau Royal du Verger

(d'où elles furent incontinent ar-
rofees de vos liberalitez & faueurs) ie me fuis encouragé de les
vous confacrer encore vne fois
mieux diaprees & plus odorife-
rantes qu'elles n'eftoyent alors,
tant pour m'acquiter de mon deuoir, que pour me defengager de la
promeffe que ie vous en auois faite. Que fi l'odeur des premieres
vous a donné quelque contentement, i'efpere que celle des dernie-
res ne vous fera pas moins plai-
fant. Ie vous fupplieray dõc, Madame, de les receuoir d'auffi bonne
volonté, que humblement ie les
vous prefente: Et outre que l'authorité de voftre nom leur feruira

comme d'vn Soleil gracieux, pour
les conseruer eternellement ver-
doyantes par toute la France, vous
m'obligerez encor particulierement à demeurer toute ma vie,

MADAME,

Voſtre tres-humble & tres-
obeiſſant ſeruiteur
FR. DESRVES.

A iij

A ELLE MESME
Sur son Anagramme.

Marguerite de Rohan.
Rare Image d'honneur.

Les cieux voulàs monstrer tout ce que leur rôdeur
Nous gardoit de pᵗ⁹ beau, de plus rare, & plᵗ⁹ digne,
Firent naistre ici bas ceste Princesse insigne,
En ses perfections, Rare Image d'honneur.

AVTRE.

Marguerite de Rohan.
Ange heritier d'Amour.

Astre de l'univers, belle estoille du monde,
Qui de vos rais divins redorez nostre iour:
Puis qu'en grace & beauté vous estes sans seconde,
A bon droit ie vous nomme, Ange heritier d'A-
mour.

AVTRE.

Marguerite de Rohan.
A merité grand hœur.

Heureuse de Rohan, ce n'est pas sans raison
Que tant de beaux secrets sont cachez souston nom,
Voyant encor cestuy, qui plein d'heureux presage,
Monstre combien est deu à ta noble grandeur,
Disant heureusement par vn iuste suffrage:
La belle Marguerite a merité grand hœur.

AVTRE COMPRENANT
les precedens.

Marguerite de Rohan.
Admire a gré ton hœur.

Admire a gré tõ hœur (Rare Image d'honneur)
D'estre sous cest Hymen, ou le Ciel t'a conduite:
Car celle qui se dit par nom & par merite,
Ange heritier d'amour, a merité grand hœur.

A iiij

'E s t à vous seule-
ment (belles & ver-
tueuses ames) que
ie presente encor
vne fois ce bouquet embelly
de plusieurs fleurs d'eslite,
dont l'odeur (comme ie croy)
vous sera autant ou plus aggreable qu'il n'auoit esté du
precedent. Car ie ne l'ay point
cueilly pour ces esprits punais
& malades , qui ne sentent
rien, & lesquels le voudroient
indiscrettement blasonner,
entretenans leur faineantise
ordinaire à censurer les hon-

neftes exercices d'autruy, & fyndiquer mefmes tout ce qui eft de plus vertueux quád ils tiennent leurs confiftoires, ce feroit ietter les Marguerites deuant les pourceaux C'eft donc à vous (di-ie Lecteurs bien-veillans) que ie l'offre pour la derniere fois, vous rendant graces immortelles, de l'auoir fi gracieufement reçeu par cy deuant, vous promettant que pour me defaquiter de cefte obligation (s'il plaift à Dieu fauorifer mes defleins) quelque iour apres auoir flairé les fleurs, ie vous feray goufter des fruicts. Adieu.

A v

Ad authorem huius operis.

Epigramma.

Cur precor Alcides tot curas totque labores
  Suſtulit & ſubiit tanta pericla libens,
Cur non extimuit fortis crudelia fata
  Theſeus , & morti tot fera monſtra Dares.
Cur non eſt veritus Phleget onta ſubire Ca-
  millus,
  Romano vt Gallos pelleret Imperio
En cauſa : optabant volitate per ora virorum
  Et nomen terris dedere perpetuum.
Cùm ſoleas animi conatus vincere tantos
  Sic tu caneſces laudibus innumeris.

A LVY-MESME.

QVATRAIN.

Que l'on ne vante plus le renom de Ronſard
Que la diuinité au Bartas ſoit feintiſe,
Qu'au Poëtes l'on ne donne aucune mignardiſe
Car Deſ-ruës eſt ſeul, & diuin & mignard.

Nic. Martin , Viconte d'Auran.

AV SIEVR DES·RVES,

SVR SES MARGVERITES
Françoises.

Autant de los qu'on doit au pere d'Eloquence,
Ou qu'au diuin Maron font deus des Lauriers verds,
Vn iour autant d'honneur tu auras par la France,
Esgalant l'vn en profe, & fuiuant l'autre en vers.

Barn. le Gendre Ad. à Auran.

Ad Dominum Def-ruës in fuas
Marguaretas Francifcas,
Anagrammatifmus.

Francifcus Def-ruës,
Res fcis re facundus.

Nefcia docta cohors, quo tecū munere certet,
* Phœbū adit, hos facro qui dedit ore fonos,
Francia Frācifco det Francica munera Franco
    Francorum Francos qui docet arte fales.
Francia tum mater Charitum, genitrixque
    leporum.
    Francifco impertit quàs dea gignit opes.
Hinc *Re facundus* res *fcis*, quas Pallas & Her-
    mes:
Vna Francigenas edocuere fuos.

B. Vagnaudus, Burgundio, Erotopolitanus:

A MONSIEVR DES RVES SVR SES MARguerites Françoises.

Des-ruës tu produicts
Ces gentilles fleurettes,
Mais telles fleurs parfaites,
Nous produiront des fruicts.

       F. Galland, Lyonnois.

AV SIEVR DES-RVES, sur son Anagrame.

François Des-ruës. Discours en Frase.

Autrefois un Orphee, un Zete, un Amphion,
Firent marcher les bois à leur deuotion,
Et dancer les rochers aux accens de leur lyre:
Ainsi tu peux dresser les esprits les plus lourds,
Et rendre les muets capables de bien dire
Maintenant q̃ des mieux, en frase tu discours.

Franciscus Def-ruës,
En fis difcurfu facer.

En fis difcurfu facer: Ipfa tui facra profert
Nominis egregij fors, opus hocq; melos.
Iac. de cham repus.

AD DOMINVM RVTANVM
in fuas Margaretas Gallicas.

EPIGRAMMA.

Si fontes, fluuij, feræ, paludes,
Montes, robora, funt fecuta quondam
Vocem melli fluam canentis Orphei,
Per mirum : fed ego magis ftuperem,
Ni te fuaui loquus fequatur Orpheus,
Quem dulci eloquio ter anteuertis.
And. Boeda. Cœnom.

SVR LES FLEVRS
DE BIEN DIRE, RECVEIL-
lies par le Sieur Def-ruës.

Amans ne cerchez plus dans les liures d'amour
Le langage poly, ny la belle parole:
Def-ruës vous fait voir par ces fleurs de difcours
Ce qui eft de plus rare en l'amoureufe efcole.
N. CH. P.

A MONSIEVR DES

RVES SVR SES MAR-
guerites Françoises, ou thresor
des Fleurs du bien dire.

SONET.

Ces fleurissantes Fleurs, qu'vn gracieux Zephire
Embasme sous le flair de tes plus doux accords,
Des-ruës ie les voy tramer vn long retorts
De tes ans bien heureux, dont la mort se retire.

La diuine beauté, que tout le monde admire,
Beauté, dont les vertus fleurissent iusqu'aux bords
De tout cest vniuers) peut voir en ses thresors
Qu'sans elle ces fleurs n'eussent choisi ta lyre.

O fleurs, heureuses fleurs, qui portez le beau nom
Des merueilles de France, esleuez le renom
De celuy qui vous chante auec tant de merite.

Sa Muse & vos beautez viuröt malgré le temps,
Car, Fleurs, vous deuez estre vn eternel Printemps,
Pour fleurir sous les pas de ceste Marguerite.

La Chapelle, Peintre.

A L'AVTHEVR DES.
MARGVERITES.
Françoises.

O D E:

Sur l'odorent Himette
L'abeillette du Ciel
Fait chois de la fleurette,
Pour dedans sa ruchette,
En composer le miel.

Mais Des ruës s'esgare
Dessus l'Hible François,
Et d'vne main auare
Çà & là il separe
Mille fleurs à la fois.

Puis pour sucrer la bouche
De l'orateur facond,
Son doux nectar il couche
Dans la mielleuse souche
De son liure fecond.

Si bien que l'on en tire
Le succre Nectarin,
Le succre de bien-dire,
Le succre qu'on desire
Es deuis de Iuppin.

                    Nic. Delattre Amyen.

AD DOMINVM DES RVES,

Inhasce Margaretas Gallicas, & suam
Galliæ descriptionem.

EPIGRAMMA.

Quas tibi pro meritis grates nunc Francia
  pandet,
Francia quam fœlix instruis atque polis.
Liuius & Cicero gratissima pignora Romæ
  Fulserunt, Francis charior esse potes:
Alter enim eloquio pollens, annalibus alter,
  Vtriusque tibi gloria iure datur:
Namque tuum Francis aliud sua rara volumen
  Apperit : hoc flores continet eloquij.

AD EVNDEM ANAGR.

Franciscus Des-ruës.
Decus fruens sacris, &c.

Nomine Franciscus Francus re sis decus æuo,
  Atque, Fruens sacris, sis decus eloquio.

H. Roger. A.

SVR LE THRESOR

DES FLEVRS DV BIEN
dire, recerché par le
Sieur Deſ-ruës.

QVATRAIN.

Beaux eſprits curieux des ſecrets du bien dire,
Iettez ici vos yeux ſur ces nouuelles fleurs:
Deſ-ruës vous apprend par ſes diuins labeurs
Ce que les mieux diſans ont mieux voulu deſcrire.

Marguerite M.

Anagramme au Sieur Deſ-ruës,
ſur ſes Marguerites Françoiſes.

François Deſ-ruës,
Suis Roſe de France.

Si l'on priſe la Roſe entre tous les honneurs
Dont Flore orne l'eſmail des iardins de plaiſance,
L'on admire à bon droit les beautez de mes fleurs,
Puis que par leurs diſcours, ie Suis Roſe de
France.

Fontaine Guerin le Ieune. Ad. Ang.

TABLE DES
MARGVERITES.
Françoises.

TABLE.

TABLE.

TABLE.

TABLE.

Fin de la Table.

LES
MARGVERITES
FRANÇOISES, OV
Thresor du bien dire.

ABSENCE.

VOvs ne pouuez esloigner vostre presence de mes yeux, sans leur oster l'obiect qui les esclaire. Puis que la necessité me

B

force de ſubir à ceſt eſloignement, i'auray pour le moins
liberté franche de faire parler
ma plume.

C'eſt à ceſte fois que la rigueur ſeuere de l'abſence doit
eclipſer mes iours du rayon
de leur clarté.

Ie ne m'eſtimeray point
abſent de vous , cependant
que i'auray quelque place en
voſtre cœur & en voſtre memoire.

En m'abandonnant, vous
me laiſſez les iours ſans Soleil, & les nuicts ſans Lune &
ſans Eſtoilles.

Tant que ie ſeray ſeparé

de voſtre veuë, les ennuis ſeront inſeparables de ma vie.

Faites que mon eſloigne-
ment ne change point vos
volontez, non plus qu'il eſ-
branle la reſolution que i'ay
faite de viure voſtre.

Mon cœur deſia conſom-
mé dans la flamme qui l'anime, forge vn ſupplice de ſa
gloire, ſeparé de vos beaux
yeux.

Mon cœur ne fait preuue
d'aucune douleur ſi amere,
que celle que l'eſloignement
de vos beautez luy fait ſentir
au plus fort de ſa conſtance.

Mon ame deſia demy

confommée dans fes propres
flammes, veuue de fa puiffance, foufpire fes peines, qui
prennent leur origine de voftre abfence.

Ie ne me croy iamais fi
proche de mon infortune,
que quand ie confidere voftre efloignement.

Le fouuenir de tous les honneurs du monde, ne me fçauroit feruir que d'affliction,
eftant feparé de voftre douce
conuerfation.

Voftre efloignement me
laiffe en proye à ma fouffrance.

Ainfi que voftre bel afpect

eſtoit ſeul le iour de la clarté de mon ame, la rigueur de ceſte abſence enferme dans vn cachot de tenebres toutes les felicitez de mes gloires, & la gloire de ma ſeruitude.

Ayez pitié de toutes les ſanglantes douleurs, que l'apprehenſion de voſtre abſence me fait deſia ſi viuement reſſentir.

Si le regret de l'abſence de ce qu'on aime pouuoit auſſi bien tuer, que tourmenter, il y a long temps que la mort euſt de moy le tribut que luy font les creatures.

L'amour geſne mon ame,

cependant que voftre abfence tyrannife mes penfees.

Ie ne vous efcriray point,
comme ie languis en voftre
abfence : car mes peines font
infinies comme vos beautez,
& ne fe peuuent reprefenter.

l'efpreuue noftre fepara-
tion auec des rigueurs fi violentes, & des paffions fi extrefmes, que fi la foy de vos
vœux ne s'offroit pour ma
defenfiue, l'efperance de vous
reuoir feroit tarie à mes ou-
trecuidez defirs.

L'abfence r'amolit les courages, & approche la pitié
d'où elle fembloit eftre efloi-

gnee.

Sans voftre chere & gra-
cieufe veuë, tout plaifir m'eft
fubiect de couleur.

Il faut donc que l'aftre de
vos perfections s'eclipfe de
nous, pour faire leuer vn
nouuel Orient, où il tourne
fes rayons, & que nous laiffant vne eternelle nuict, il
foit le iour d'vne autre pro-
uince.

Nous portons bien aife-
ment l'abfence, de ceux defquels nous fommes abfens
en prefence.

Il me faut prendre les armes de la neceffité pour com-

batre ceſt infini nombre de regrets qui m'aſſaillent pour voſtreabſence.

Puis qu'il faut que ie me ſepare de vos yeux, au moins qu'il me ſoit permis de croire, que vous n'auez point à deſdain que ie m'aduouë voſtre, tel que l'honneur m'a formé, pour vous ſeruir à iamais.

Iamais ame ne quitta par force vn bel obiect auec plus d'angoiſſe, que ie vous ay laiſſée.

L'abſence d'vn grand bien, eſt la preſence d'vn grand mal.

Ceux qui aiment , pour l'abfence, ne perdent le fouuenir de leurs amours,ils font comme les fleurs, qui foulées au pied reprennent leur luftre à l'arriuée du Soleil.

Ie perds ma lumiere, perdant de veuë l'aftre de vos beautez.

Mes yeux portent vne extrefme enuie à ma penfée,de ce qu'elle vous void, & vous contemple à toute heure, & qu'eux font priuez d'vne fi grande felicité.

Le regret devoftre abfence affoiblit tellement mes plaifirs, que ie ne fuis content qu'en apparence.

M'abandonner lors que voſtre compagnie m'eſtoit plus chere, ce ne ſont pas des preuues d'vne veritable ami-tié.

Il n'y eut pas vn de tous ceux qui la virent partir, qui ne contribuaſt des larmes pour le regret de ſon abſen-ce.

Comme voſtre preſence me tenoit lieu de lumiere, & de vie : ainſi voſtre abſence me couure de tenebres, & me cauſe mille morts douloureu-ſes.

Voy Adieux.

ACCIDENTS.

AVx accidents impour-
ueuz, il est difficile de
promptement se resoudre.

Tous les accidents aduien-
nent moindres à ceux qui les
attendent.

Craindre ce qui doit arriuer, c'est aller au deuant de la
douleur.

Il est impossible aux hommes de pouruoir à toutes sortes d'accidents, qui sont infinis.

Se preparer contre les accidents en la felicité, c'eſt ſaiſir les armes de la fortune.

L'homme ſage ne peut pas diſpoſer de l'iſſuë de l'acheuement de ſes affaires ſeulement : car les euenemens dependent de la fortune, à laquelle il ne donne point de cognoiſſance ſur luy.

Les grands & importans accidens, qui tiennent tout le monde aux eſcoutes, ne ſe cachent long temps, & pluſtoſt qu'ils ne ſe diuulguent, les murailles parlent.

Si ie n'eſtoy certain que mon malheur vous ſera manifeſte, i'euſſe laiſſé baigner dans le torrent de mes pleurs, l'accident cruel qui m'afflige enfemble corps & ame.

En ces accidens, les plus conftans euffentbien trauaillé à fouftenir des efforts fi rigoureux, & y oppofer vne vertu affez puiffante.

Mon cœur en fi piteux accident, ne pouuoit pas fournir affez de larmes (bien qu'il en euft vne mer) pour pleurer fans ceffe vn mal, qui n'a fin ni remedes.

Les accidens de malheur ne peuuent nuire, ou le ciel veut aider.

ACCVSER.

VOus m'accufez plus par opinion, que par tef-moignage.

Vous eftes defia fi efloigné d'honneur & de vertu, que de deformais vous n'aurez nulle honte de chofe qu'on vous fçache dire ny reprocher.

C'eft honneur d'accufer les mefchans, & deffendre les gens de bien:

Il vaut mieux aimer auec feuerité, que de tromper auec douceur.

Ie me garderois de vous ef-

crire de ceſte ſorte, n'eſtoit
l'affection que ie vous porte,
qui par force & de ſon auctorité, m'a tiré toutes ces paroles du cœur, de la bouche, &
de la plume.

Puis qu'on ne hait point les
mouſches à miel, pour leur
eſguillon, auſſi ne deuez vous
point me hayr pour la poin-
ture de mes remonſtrances.

Voyez blaſme, & Reproche.

ADIEVX.

EN ceſte dure departie les
larmes s'eſcouloient de
tous coſtez, les beautez ſe di-

fant adieu, fe deguifoyent
en infinies figures, felon les
opinions des regrets qui fe
formoient en l'ame.

En quelque part que vous
alliez, voftre cœur qui eft
mien, me demeurera pour
gage du pouuoir, que vous
m'auez donné fur vous.

Auant que figner leur a-
dieu, ils contribuerent vne
mer de larmes aux malheurs
de leur feparation.

Puis que la neceffité me force de fubir à ceft efloignement, i'auray pour le moins
la liberté franche de faire parler ma plume.

Mon cœur reçoit de si viues attaintes pour ce depart, qu'à peine peut il respirer sa douleur.

Le premier iour de cest adieu, sera le dernier de ma vie & de ma felicité.

Accordez vostre desir auec la volonté de ce fascheux destin, qui m'emporte d'aupres vous, malgré la resolution que i'auoy faite d'y demeurer eternellement.

Ie ne sçay par quel bout cómencer à vous dire adieu, ne par quelle fin finir le discours de ma dure departie.

En cest adieu elle faillit de

fe transformer en douceur,
afin que logeant dans les
yeux de fon amant, elle euft
ce bien d'eftre eternellement
en fa compagnie.

Adieu belle ame, qui poffedez la mienne, ie vous en laiffe toutes les puiffances, conferuez là pour vn temps, plus
heureux que celuy de mon
depart.

Ie partiray d'auec vous, fans
que mes volontez fe depar-
tent de voftre feruice.

Adieu, beau foleil de ma
vie, ie departs d'auec vous
pour cefte heure, mais foyez
toufiours affeuree que mes

volontez ne se departiront iamais de vostre seruice.

Abandonnant ce lieu, ie comande à mon cœur de seiourner continuellemét pres de vous: retenez le donc, & le cheriffez, s'il vousplaist, comme celuy qui est, & sera perpetuellement vostre.

Ie puis iurer auec verité, que iamais reffentimét d'aucune passion ou ennuy, ne me toucha le cœur de si pres, que le regret de l'absence, qui me separe maintenant de vostre chere compagnie.

Nostre esloignement me sera d'autant plus insuppor-

table, que le defir que i'ay
toufiours eu de ioüir de voftre agreable prefence, a efté
grand en mon ame.

Le plus grand defplaifir
qui m'afflige maintenár, c'eſt
de vous voir efloignée d'vne
ame, qui s'eſt toute donnée à
vous, voire de telle forte
qu'elle veut demeurer à iamais voftre, encor que ne le
vouluffiez point.

Si l'eclipfe de vos yeux mè
ruine, foufpirez aumoins ma
perte, & d'vne trifte haleine
plaignez voftre martyr.

Helas! faut-il que ie voye
efloigner toutes mes felicitez

enſemble, perdât auec l'heur
de voſtre veuë,le plus parfait
obieƈt de ma beatitude?

Vn deſeſpoir me ſaiſit à la
ſeule imagination de voſtre
abſence , & tant de regerts
m'aſſaillent que pour vous les
repreſenter , il me faudroit a-
uoir autant de langues que
i'ay de pointes cuiſantes.

Mon ame à demy eſtouf-
fee, ſous le triſte fardeau des
tourmens que voſtre abſence me cauſe ne ſçait plus que
ſe plaindre, & tout le ſenti-
ment qui me reſte n'eſt que
pour reſſentir mes douleurs.

Toutes les infortunes qu'el-

les qui foyent, ne me feront
rien au refpect de celles qui
m'arriueront de voftre part,
s'il faut en fin que nous foyós
feparez.

Adieu madame, viuez touf-
iours heureufe, & contente,
& ce pendant ie languiray
malheureux & conftant.

Affections.

VOus ne ferez iamais tát
pour moy, que l'affe-
ction dont ie vous adore, &
la foy que i'ay en vous, ne
foyent encor plus grandes.
Puis que le Ciel a mis en

vous toutes ſes perfections, c'eſt bien raiſon que i'aſſemble toutes mes affections, pour vous ſeruir.

Mon affection ſort de mes leures, ainſi qu'elle eſt conçeuë en mon cœur.

Les belles & ſaintes affections fondées en noſtre ame ſus vne deuote intention, ne peuuent eſtre oubliées ne mourir.

L'homme vrayement vertueux ne ſe doit iamais perdre dans l'abiſme de ſes affectiõs.

Celuy eſt conſtant en ſes affections qui aime auec iugement.

Mes affections font encor entieres, & ne fe peuuent partager, la part que ie vous y donne, c'eft le tout.

Vous eftes la premiere à qui mes affections font offertes; & ferez, s'il vous plaift, la derniere qui en aurez la poffeffion.

Ie crains que vous doutiez de mes affections, & que vous ne les eftimiez auffi faintes qu'elles font veritables.

Permettez moy que ie vous puiffe feulement vne fois defcouurir mes affections & mes penfees, & puis me condamnez à vn perpetuel filence, fi

vous

vous le trouuez bon.

Toutes les puiſſances de mon ame & de ma vie, ne ſont guidées que du reſpect de voſtre ſeruice.

Ie priſe tant les belles ames, comme la voſtre, que ſi ma bien-veilláce leur eſtoit vtile, ie la leur offrirois à diſcretion.

Vous eſtes l'œil de mes yeux, la penſée de mes penſées, la perfection de mes deffauts, l'amour de mes amours, le but & la fin de tous mes deſirs & eſperances.

Vne affection bien fondee, ne ſe laiſſe iamais em-

C

porter à la violence de la fortune.

Mes affections vous feront
toufiours auffi entieres, que
mes promeffes font inuiola-
bles.

Il me femble que la plus
muette de toutes mes actions
a efté fuffifante pour vous faire croire que ie vous defirois
du bien.

Mes affections demandent
du fecours pluftoft que des
remifes & des efperances.

Ne me priez point de vous
vouloir du bien, car ie n'ay
partie en moy, qui ne m'y
contraigne, auec toutes for-

tes d'aussi cheres que bien fortes persuasions.

Si vous mesurez mes affections à l'égal de la creance que vous deuez auoir de vos merites, vous ne serez point en doute que mon amour ne soit saintement veritable.

Souuenez vous de mes affections, & pour estre esloigné de vos beaux yeux, que ie ne le sois pas de vos bonnes graces.

AFFLICTIONS.

IL est certain que le mesme subiet qui vous afflige me donne de l'affliction.

Quand vn mal doit prendre cours fur nos deftinées, il eft hors de noftre pouuoir de le rendre euitable.

Ie croy que mon ame eft vn point, ou toutes les lignes de malheurs & d'afflictions fe viennent rendre.

Quand l'affliction nous domine, le iugement cede à l'impatience, & quand l'impatience furmonte la raifon, la confolation eft inutile.

L'affliction eft le vray affinage de l'amitié, & les vrays amis fe recognoiffét en l'aduerfité.

Les afflictions qui font portees conftamment auec le contrepoix de la raifon, nous entretiennent droits & fermes.

I'ay le cœur fi debilité d'afflictions, qu'il n'a plus de fentiment, ny de gouft, pour fauourer le plaifir , quand il m'arriueroit.

En mon affliction extrefme, ie voulois prefque manquer de fidelité à l'honneur.

Le defefpoir martire mon contentement d'vne fi extrefme violence, que fi voftre douceur ne me tire hors des limites de fon Empire, ie preuoy ma longueur eternel-

le , dans la rigueur de sa seue-
rité.

Comme le mauuais che-
min fait cognoiſtre le courage du cheual: auſſi les calamitez eſprouuent le confidenr.

La calamité ſe promeine
continuellement ſur les teſtes
des hommes.

Ie viens icy offrir deuant
voſtre beauté vn cœur au-
tant affligé que celuy du pauure Ixion.

Les afflictions conduiſent
les hommes a la pieté, & à la
repentance.

Si i'ay quelque contente-
ment, c'eſt ſeulement par les

songes qui me solicitent la
nuict, car en veillant toute
rigueur afflige mon esprit.

Dieu vueille que le des-
plaisir qui n'est causé par ta
seule malice, finisse bien tost
auec le commencement de la
punition que tu merites.

L'affliction arriue aux gens
de bien, pour estre esprouuez
& confirmez en grace, & les
meschans la reçoiuent pour
le iuste salaire de leur mauuaise vie.

C iiij

AMBITION.

C'Eſt la couſtume d'vn cœur ambitieux de s'attribuer ce qu'il ne peut acquerir que par ſa creance.

Il ne faut battre les orgueilleux que de meſpris, c'eſt le fleau de leur preſomption.

L'amour ayant fait voller mon cœur ſur le plus haut degré de l'ambition, m'a fait conſiderer ma condition indigne d'vn tel ſubiet.

L'ambition eſt l'honorable tourment des grands.

Les ames des mondains em-

paſtées de contagion du premier homme, ſuiuét pluſtoſt
la piſte de ſa fragilité, qu'elles
ne taſchent de ſe preualoir du
benefice de leur creation.

C'eſt le propre de ceux qui
ont de la vanité & ambition
d'interpreter toutes choſes à
leur profit, pour ſi peu qu'elles leur rient.

Il n'y a vice qui ne donne
auec l'aage trefue à ceux qui
en ſont entachez, fors l'ambition, qui ne vieillit iamais
en l'homme.

Mon amour n'a iamais eſté
compoſée d'vn humeur am-
bitieuſe, ie me contente aſſez

de ma condition, sans que la vanité me face passer outre les termes que ie dois esperer.

Chacun persuadé de ses fastes, cerchant vn palais pour son corps, treuue vne prison pour son ame.

Celuy qui aime la tranquilité, doit hayr l'ambition.

Mon ambition n'a iamais volé si haut, que d'aspirer au bien que la fortune me procure auiourd'huy.

L'ambition enseigne les hommes à deuenir desloyaux.

Fuyant appetit & ambition desordonnee, l'on est esleué de ce bas lieu en gloire.

perpetuelle.

L'ambitieux & l'auare ont cela , qu'ils se tourmentent plus apres la recerche de ce qu'ils n'ont point, qu'ils ne se contentent en la ioüissance de ce qu'ils possedent.

AMOVR ET AMITIE'.

IE vous conjure par vos beaux yeux de m'aymer, sinon autant que ie vous ayme pour le moins autant que vous estes capable d'aymer.

Ie seray tousiours plustost disposé de consentir à la haine de moy mesme, qu'à l'amour

de nul autre obiet que le voftre.

L'amour du monde doit
eftre regardé pour fon apparence, & defdaigné pour fon
vice.

On ne fçauroit aymer que
extrefmement celles qui font
extrefmes en beauté.

Il m'eft auffi poffible de ne
vous aymer point, comme il
eft poffible au Soleil de quiter fa courfe ordinaire.

Il eft hors de noftre pouuoir de couurir les intentions
qui releuent de la puiffance
d'amour.

Ie vous ayme auec beau-

coup de paſſion, vous hono-
rant auec le reſpect deu à vos
merites, leſquels i'ay ſerieuſe-
ment meſurez aux plus grandes felicitez que i'eſpere du
monde.

Auſſi toſt que l'amour s'eſt
rendu maiſtre de noſtre ame,
il ferme la porte à la raiſon, &
ne la veut plus ny eſcouter ny
recognoiſtre.

Le deſir de vous aymer n'a
iamais eſté ruiné en moy,
vos merites l'ont touſiours
deffendu.

L'amy doit eſtre appellé à
noſtre felicité, & de noſtre
mouuement, nous deuons

acourir à ſes trauerſes.

Ie n'honore pas ſi mal voſtre amitié, que vous m'en yueillez priuer.

I'auouë auoir eſté deſirée de pluſieurs , mais iamais ie n'ay deſiré que vous.

L'amour eſt vn mal ſi commun, que la nature qui nous y pouſſe , & la multitude qui nous y ſuit, ſemble nous excuſer.

Les fruits de la terre ſe recueillent tous les ans, & ceux de l'amitié tous les iours.

Comme la terre ne ſçauroit eſtre eſclairee de deux ſoleils: de meſme vne ſeule ame ne

sçauroit enfemble receuoir
deux lumieres d'amour.

Les ames qui ont de la generofité, ne peuuent fouffrir
de compagnons en l'amour.

L'amour en fa fouueraineté
exige fes droits feigneuriaux
fur toutes fortes d'ames.

L'amour en vn clin d'œil
dompte les indomptables.

La fainteté du Prophete
Royal, ne peut euiter les apas
deceueurs de l'amour, la fageffe de Salomon manqua de
fageffe en cet endroit, & la
force de Sanfon fe trouua foible contre les charmes violés
d'vne paffion fi puiffante.

La viteſſe des ſiecles n'eſt point telle qu'elle puiſſe deuancer le vol de l'amour, il paſſe encor outre, & ſa durée eternelle ne ſe borne que par l'eternité meſme.

L'amour eſt ce qui met en ſeruitude ceux qui ſont libres, & en liberté ceux qui ſont eſclaues.

L'amour veut eſtre arroſé de larmes, & cultiué de peines.

L'amour n'a point egard aux qualitez, mais bien aux volontez.

L'amour eſt vne viuante mort, & vne vie mourante.

Ie vous ayme tellement

qu'il me feroit plus mal aifé
de vous oublier, qu'il ne me
feroit difficile de me refoudre
à la mort.

L'amour naift de la me-
moire, vit de l'intelligence, &
meurt par l'oubliance.

Celuy qui ayme eft en perpetuelle langueur, foit en pu-
bliant fes tranfports & ioyes,
foit en les tenant fecrettes, &
les enfermant fous la clef du
filence.

Mon deffein ferme la por-
te de mon cœur à tous les nôs
des autres hommes, fi bien
qu'autre que vous ne fe pourra vanter de l'auoir poffedé

auec vne puiſſance ſupreſme.

Tout ainſi que i'ay eſté prodigue de mon affction enuers vous, auſſi ſuis ie audacieux de voſtre amour, car ie m'en nourris, & n'aſpire à plus grande gloire que d'eſtre bien aymé de vous.

L'amour eſt vne courte volupté, accompagnée d'vn ſiecle de douleurs.

Ie vous ſuis vn accident tellement inſeparable, que vous ne pouuez eſtre ſans moy.

Voſtre veuë me peut eſtre interdite, & me pouuez empeſcher de vous parler, mais

de n'auoir emprainte l'effigie
de voſtre diuine beauté, & ne
l'aymer & ſeruir, il eſt hors
non ſeulement de voſtre
puiſſance, mais encores de la
mienne.

Il n'y a choſe ſi grande &
ſi ſupreſme, à quoy l'amour
n'incite les cœurs des mortels.

L'amour eſt de telle nature,
que l'on en aime mieux la
maladie que la ſanté.

A l'amour ne fut iamais
voiſine aucune meſure.

Les Amants ont en vſage
de commencer à parler, & au
milieu de leur deuis s'arreſter

tout court.

L'amour eſt vn démon, qui ſubiugue la ieuneſſe, & luy communiquant ſes lege-retez, la fait legerement com-muniquer a ſa tyrannie.

L'amour, comme vne poi-ſon couuerte, d'vne douceur empruntee, nous ſemble a-greable au premier reſſenti-ment de ſes effets, mais à la fin laiſſant nos cœurs, il les fait mourir, en leur promettant vne vie heureuſe.

De toutes les paſſions qui maiſtriſent nos eſprits, il n'y en a point de plus forte, n'y de moins euitable que celle d'amour.

Amants infortvnez.

CEs pauures Infortunez à demy viuans, & à demy logez fous la fepulture, crioyent au Dieu de la compaffion de fe laiffer vaincre à la pitié de leurs miferes.

Les rofes de leurs iouës n'eftoyent plus vermeilles, les lis blancs de leurs belles gorges eftoyent tous ternis, les lumieres & les foleils de leurs yeux eftoyent eclipfez.

Les accents funebres qu'il femoit à l'entour de la tombe

de fa chere amante, faifoyent
efmouuoit les Cieux pour fa
deffenfiue , apres qu'il eut
graué la pitié dans les cœurs
de tout le monde.

Leurs cœurs preffez par la
douleur, & par la faim eftoiét
tellement ferrez, qu'il n'eftoit
pas en leur pouuoir d'auoir
l'vfage & la faueur de la parole.

La mort qui tranche toute
mifere fut inexorable aux
cris des pauures Amants qui
l'appelloyent.

C'eftoit la vraye image de
la mort:tellement qu'on euft
dit, que la mort mefme auoit

tiré fon portraict fur ce mo-
dele.

Les foufpirs & les fanglots
font les douces paroles des
Amants affligez.

La fortune preftant fon
inconftance à leur malheur,
leur donna vn reuers duquel
ils furent abbatus , auec ce
peu de confolation qu'ils
auoyent.

Les plaintes de ces pauures
Amants faifoyent entendre
vne voix affez capable pour
r'emplir d'horreur les extre-
mitez du monde.

Las ! pauure defolee que ie
fuis, il me faut prendre les ce-

leftes brifees de mon cher
Amant, pour paracheuer là
haut le cours de nos belles
amours.

Voyez miferes, larmes
& foufpirs.

ARTIFICES.

CEux qui ont deffiance de
leur bon droit, ont touf-
iours recours aux artifices.

Vos artifices ont affez def-
uoilé vos conceptions, il n'eft
plus befoin de les feindre.

Mon ame pour n'auoir fait
experience des cautelles d'a-
mour, ne peut iuftement iuger

ge les deſſeins de ſes entrepriſes.

I'aymerois mieux vous procurer du contentement par ma bonne volonté, que de la peine par artifice.

Ce ſont des artifices eſclos de l'inuention de gens qui ne trouuent point la malice trop eſtrange, pour m'eſtranger de vos affections.

Tout ce que l'artifice & la diſſimulation peuuent auoir de feint & de corrópu, ce deſloyal l'a caché dás ſon cœur.

Ie me perſuade que vos belles careſſes ne ſont point reparees des artifices de la diſ-

D

simulation.

C'eſt vne triſte recompenſe, quand on a reçeu de bons
offices de quelqu'vn , de luy
en faire le payement en paroles recerchees dans l'artifice.

Si i'auois ceſte vanité que
vous dites , ie n'auois pas aſſez d'artifices pour luy donner quelque couleur.

C'eſt le fil deſlié de vos
beaux artifices , qui m'a ſçeu
tirer de ce Labyrinthe.

Vos diſcours ſont deſgui-
ſez auec tant d'artifice, qu'à
peine puis-ie croire qu'il y ait
quelque verité ſoubs tels ombrages. *Voyez tromper.*

ASSEVRANCE.

VOus ne deuez non plus
reuoquer en doute l'e-
ternité de mon amour, que
l'immortalité de mon ame,
qui ne peut iamais eſtre capable d'affection, ni de deuotion que pour vous.

On ne peut auoir trop d'aſſeurance des choſes que lon
deſire beaucoup.

Ie ne demande autre preu-
ue de vos affections, que celle
que m'en donne ma propre
conſcience.

N'entrez en ombrage de
D ij

mes fidelles affections, lefquelles font autant veritables que les deuotieufes volontez de mon cœur les ont faintement voüees.

Ie conferueray voftre belle & fainte amitié au fein de mon obeiffance, auec tout le refpect de mon deuoir, & le feruice iuftement deu à voftre merite.

Il n'eft point befoin de donner de nouuelles affeurances à voftre iugement de mes affections.

Ie regrette mon malheur, & ne puis affez defpiter la rigueur de ma fortune, qui

vous rend suspecte la sincerité du seruice, que ie vous ay
voüé.

Ie m'asseure que vous trouuerez autant de feux en mon
cœur, que vous auez de beautez & de perfections.

Mon desir s'asseurera sur
l'asseuráce que vous me don-
nerez de vostre fidelité.

Le feu de ma loyauté fon-
dra toutes les glaces que le
doute d'vne feinte amitié
peut auoit conçeu en vostre
courage.

Ce seroit prophaner ma foy,
manquer de courage à mes
desirs, & de fidelité à mon

amour, si me laissant persuader à vos paroles, ie rendois
vaine la resolution de mes entreprises.

Ie vous croy capable de
tout ce que ie vous pourrois
dire sur ce suiect, & assez disposé à tout ce que mes prieres
vous pourroyent conuier.

Ce seroit bastir sur le sable
de vouloir fonder vne asseurance sur l'estat perissable des
affaires du monde.

Viuez asseuree de mes vœux,
qui vous sont conseruez
immuables, sans que ia-
mais ie puisse estre blasmé
d'auoir beu de l'eau d'oubly

dans le vaſe du changement.

Il n'eſt point moins rai-
ſonnable de ſe deffier des
meſchans, que de ſe fier aux
gens de bien.

Ie liure librement dans les
mains de voſtre prudence
mon honneur, mon amour,
& ma vie, laquelle ie veux
perdre pour appuyer ma reputation au ſeruice de la vertu, que ie prens pour ma def-
fenſiue.   *Voyez promettre.*

AVARICE.

L 'Auarice a de couſtume
de violer & rompre tout

saint office solennel.

Plusieurs choses defaillent à pauureté, mais à l'auarice tout y defaut.

Vn quidam demandant à Socrates ce qu'il pourroit faire pour deuenir riche, il respondit, se faisant pauure de souhaits.

Iamais personne ne s'estime redeuable de ce qu'il a plustost arraché que receu.

Autant que nous differons de faire vne grace, autant diminuons nous de ses perfections.

Les auaricieux sont semblables aux hydropiques: par

ce que tant plus ceux-là font
garnis d'argent, & ceux cy,
tant plus font grands leur defir & leur foif, car l'vn & l'autre eft occafion de fa ruine.

Qui defire fe faire riche, ne
doit accroiftre fes richeffes,
mais diminuer fes appetits.

La vie de l'auaricieux reffemble à vn banquet de fune-
railles, qui eft pourueu de
toutes chofes, excepté des
hommes pour s'en efioüir.

Les iours feront longs de
ceux qui ont en haine l'auarice.

Celuy qui eft riche & con-
uoiteux d'auoir d'auantage,

eſt comme vn mendiant parmi vne abondance de richeſſes.

Qui donne indignement
& ſans choix, rend comme
paillardes les graces qui ſont
vierges.

L'auarice eſt la metropo-
litaine de toutes poltronnies
& meſchancetez.

BEAVTÉ

VOſtre beauté eſt telle
que le diſcours, ni le
pinceau n'y peuuent faire
qu'vn pourtrait imparfait.

Le feu ſeulement bruſle de

pres, mais les beaux vifages,
bien qu'ils foyent loin, en-
flamment & bruflent.

Vous auez fujeƈt de rendre
graces au Ciel du partage glorieux qu'il vous a fait du don
de fes beautez.

Elle eftoit non moins or-
nee de beauté que de iugement, fi bien qu'elle fembloit
gaigner le nom d'vnique fur
la terre, pour fe trouuer pri-
uee de fa femblable.

Si iamais on a peu voir vne
parfaite beauté, & vne perfe-
ƈtion vniquemét belle, vous
eftes l'obieƈt feul où ce fu-
perbe affemblements'eft peu

rencontrer.

Vos beautez font auffi infinies en leur varieté, que defirables en leur fubiect.

Les plus defdaigneux appendent leurs defirs, & leurs affections pour offrande à l'autel de voftre beauté.

Si toft que voftre beauté efprouue vos yeux fur quelque fuject, il fe donne incontinent à vous.

Il n'y a rien de beau icy bas qui ne terniffe aux rais de vos beautez.

Elle paroiffoit fi belle parmy les autres beautez, qu'elle rauiffoit en extafe ceux qui

vouloyent paiftre leux yeux
d'vn œuure fi naturellement
parfait.

Rien nem'oftera iamais du
cœur, finon la mort, la belle
image de voftre vifage bien
aymé.

La beauté eft vne eloquence muette.

Elle fembloit Venus, quand
vn paintre la paint auec toutes les graces qu'on peut imaginer en vne beauté parfaite.

Ie fuis plongé dans les tenebres, depuis que la clarté de
vos beaux yeux m'eft interdite.

I'euffe penfé par trop man-

quer à mon deuoir, si ie ne
eusse rendu à tant de beautez,
pour la faueur de ses affections, le sacrifice de ma vie.

Lon donnoit tel prix a sa
beauté, & tant d'honneur en
ses deportemens, qu'vn chacun commençoit à receuoir
la voix d'vne telle merueille,
& la merueille d'vn si digne
suject.

Vaincu de voſtre diuine
beauté, i'ay rendu les armes
de ma liberté, & franchise en
voſtre obeiſſance.

Sa beauté menaçoit desia
d'aſſeruir vn iour les plus
grands courages, & de fou-

droyer les moins enclins à
cefte paſſion.

Elle eſtoit ſi accomplie,
que les yeux des plus experts
en la cognoiſſance de ce qui
eſt beau, n'y euſſent rien peu
ſouhaiter d'auantage.

Elle eſtoit aſſez belle pour
eſmouuoir l'eſprit du monde
le plus curieux, & le plus deli-
cat, & pour faire arreſter l'inconſtance meſme au milieu
de ſa courſe.

Voyez face, ou viſage, & yeux.

B i e n.

LEs biens de la terre font comme les meubles d'vne hoſtellerie, dont nous ne deuons nous ſoucier, que tant que nous y ſommes.

Le ſouuerain bien de l'homme eſt la vie eternelle, & le ſouuerain mal la mort eternelle.

Celuy qui ſe force de bien faire, merite quelque choſe.

Le bien qu'on achette au pris des tourmens, eſt d'autant plus doux qu'il eſt moins periſſable.

Il ſemble que le bien particulier accroiſt, quand il eſt cogneu du public.

Celuy iouyra le plus long temps des biens immortels, qui pluſtoſt y paruiendra.

Voyez felicité.

BLASME.

IE ſerois blaſmable, ſi autre choſe que voſtre inclination auoit pouuoir de me faire ces aduantages dont vous m'honorez.

On ne le ſçauroit louër, qu'en le deshonorant.

Il a faute que de richeſſe

& de vertu.

Les chofes laides font toufiours laides, pour cachees &
manifeftees qu'elles foyent.

Il ne fe faut pas loüer d'eftre
meilleur que les pires: mais fe
blafmer d'eftre pire que les
meilleurs.

La nature l'a fait par def-
pit, & pour monftrer vne vie
exemplaire de toutes imperfections.

C'eft figne d'vn efprit mal
né d'eftre trop curieux de ce
qui eft du corps.

La maladie du corps fe peut
guerir par art, mais vne maladie d'efprit comme la fien-

ne , ne fe peut guerir que par la mort , qu'il a cent fois merité , pour tant de cruautez, perfidies & trahifons qui font en luy.

La nature ne confent pas aifément qu'vne mauuaife plante produife bon fruit.

Le ciel vous punira de blaf-mer contre la diuinité de vo-ftre ame.

Il eft temps de quitter les termes du blafme, & d'emprunter l'vfage de ceux de la gloire.

Ie n'euffe iamais eftimé que voftre inclination vouluft recercher de la gloire dans le blaſme d'autruy.

Voyez Iniures, & Calomnies,
& Reproches.

BONTE'.

C'Eſt voſtre bonté qui
ſupplee à mon peu de
merité, lequel ne m'euſt oſé
promettre la faueur dont
vous me gratifiez.

Toute autre ſcience eſt
dommageable, à celuy qui
n'a la ſcience de bonté.

C'eſt peu que d'eſtre homme de bien ſelon les loix : car
les reigles du deuoir s'eſten-
dent bien plus loin que celles

des ordonnances.

La chose la plus digne d'admiration en ce monde (ainsi que disoit le Philosophe Aristippus) est l'homme, poururueu qu'il soit bon, vertueux, & modeste.

La debonnaireté est vn moyen pour appaiser l'ire.

Nul ne peut estre bon par la volonté d'autruy, mais bien par la sienne.

C'est chose desconuenable de porter la bonté en la bouche, & non point au cœur.

L'office de bonté & humanité, est subuenir au peril & à la necessité de l'homme.

BOVCHE.

PRenez ma bouche pour l'image de ma volonté.

Sa petite bouche, oracle d'amour estoit celle là mesme sur laquelle les fleurs de felicité se pouuoyent assembler.

S'il y a du vray semblable en la bouche d'autruy, n'y aura il pas de verité en la vostre?

Belle bouche, le seul & veritable oracle de toutes mes bonnes ou mauuaises fortunes, dites moy si ie puis m'asseurer d'estre vn iour aymé de cefte belle ame , qui vous anime.

CAPTIVITE' ET SERVITVDE.

IE treuue ma prifon fi dou-ce, que mefme i'ay limité fa deliurance au iour que le trefpas viendra tirer le droit qu'il pretend fur l'eftat de ma trifte vie.

Ma liberté a limité fon eftenduë dans les liens d'vne chaine parfaite.

Vous captiuez non feule-ment la liberté de ceux à qui vos beaux yeux ont donné des traicts, mais les plus efloignez de voſtre preſence.

La ſeruitude eſt le dernier de tous les maux , laquelle nous deuons chaſſer, non ſeulement en faiſant la guerre, mais auſſi en receuant la mort.

Noſtre ame ne doit point autrement regarder noſtre corps, que comme les fers de ſa captiuité.

Il fut ſi rauy en ceſte premiere contemplation , que deſormais il ne contemploit que la douce origine de ſa flame.

La condition de ceux là eſt miſerable, qui eſtans naiz libres

bres tafche ıt de mourir fe. f., pour fatisfaire à leur auarice & ambition.

Ie veux faire voir par mes chaftes defirs à la cognoiffance de ma belle, la prife de ma franchife.

Ie vouë ma feruitude à vos beaux yeux , pour l'exercer foubs les loix de vos commandemens, auec autant de fincere affection , que mon ambition en recherchera la gloire.

Ie fi long temps couué dans les cendres de ma difcretion, la paffion violente de mon ame qu'il faut que prenât air,

E

elle vous tefmoigne les vœux de mon obeiffance.

I'efpere que la foy qui lie ma liberté dans la douceur de voftre feruitude, vous fera voir mes fupplications autant naifues, que vos vertus me font manifeftement cogneuës.

Me mirant dans vos beaux yeux, ie vy vne troupe d'amours, qui d'vn mefme affaut defcocherent vne trouffe de flefches que i'ay reçeuë auec vn delice fi extrefme, qu'affrontant la porte de ma liberté, leur entrée fut fi glorieufe, que mefme ie iure ma

captiuité au triomphe glorieux de ce premier effort.

Vous estes comme le con-
cierge de mes volontez, por-
tant les clefs de mes intentions : car elles n'ont loy que
de vos commandemens.

Voyez liberté.

CHANGEMENT.

MA loyauté ne me peut
permettre de courir au
changement.

Le changement ne se peut
blasmer, quand il est fait auec
raison.

Ce qui vient à son chan-

gement & à son periode par
cours de nature, est ineuita-
ble.

Puis que ma cognoissance
me refuse l'espoir de vostre
faueur, ie redonne à vos merites vostre cœur, à vostre
ame, vostre foy, comme me
iugeant indigne de les posse-
der.

Ie veux changer le but de
mes entreprises, & preferer
les biens de l'ame à la commodité du corps.

Le changement a tousiours
esté medecine souueraine de
l'erreur.

Les femmes sont du natu-

rel des giroüettes, oppofées à
tous vents, conftantes en leur
inconftance feulement, &
capables d'autant de volontez, qu'vn arbre eft de fueilles.

Encores que nous chemi-
nions toufiours à vne mefme
fin, fi ne faut-il pas toufiours
fuiure vne mefine route.

Voyez inconftance.

CHASTETÉ.

MEs affections font trop
faintement vnies auec
l'honneur, pour auoir im-

preſſion , qui deſiraſt ternir les clartez de voſtre noble chaſteté.

La pudicité ne peut eſtre violee, ſi la penſee eſt gardee en ſon entier.

Leurs amours eſtoyent chaſtes & ſecrettes , & leurs cœurs vnis , autant fermes & diſcrets , que les mortels en ſont capables.

Ils faiſoyent marcher leurs actions ſoubs l'eſtendart de chaſteté,& ne combattoyent en la guerre amoureuſe, que ſous la charge de modeſtie.

Sa conſtante pudicité, qui ne luy à iamais permis de

flefchir à fa honte, ne luy
laiffera iamais d'vn lafche a-
mour fleftrir fa renommée.

La femme qui laiffe rauir
la fleur de fa chafteté, altere
du tout le prix qui la rendoit
eftimée.

La fuprefme fageffe d'vne
Dame, gift à fermer du tout
les portes de fon cœur à l'a-
mour.

C'eft en vain que vous penfez efbranler la pudicité de
cefte chafte Dame, en luy o-
fant prefenter l'impudique
tableau de vos defirs lafcifs.

La force de vos orages impudiques, ne pourra iamais

E iiij

esbranler la net de ma pudicité.

Il vaut mieux souffrir vn
mal secret, pour n'offencer la
pudeur virginalle, que d'ap-
prester par quelque faueur
vne maniere de vanité aux
hommes.

CHOLERE.

IL ne se faut iamais courroucer contre les imperfections qui ont la nature pour
garant.

Ce qui passe pour equita-
ble, la raison le iuge, ce que la
cholere iuge, elle veut qu'il

paſſe pour equitable.

Pour eſtonner les meſchans il faut feindre & non pas receuoir la cholere, comme pour perſuader le Iuge , il faut que l'Orateur feigne , & non pas reçoiue les paſſions.

Il n'y a rien ſi mal à propos que de croire en ſecret , & ſe courroucer publiquement.

La cholere eſt le commencement de folie en quelques vns, & en pluſieurs la fin de la vie & de la folie.

C'eſt vne grande choſe de vaincre l'ire, mais c'eſt encor vne plus grande choſe de n'y tomber point.

E v

Au mal du monde le plus precipité (qui eſt la cholere) il faut le remede du monde le plus tardif qui eſt le temps.

Il n'y a point de plus court chemin à la folie que la cholere : car il eſt bien aiſé de ne receuoir plus la raiſon que l'on a ià chaſſee.

La cholere ne peut aller du pair auec la raiſon : il faut qu'elle obeïſſe , ou qu'elle commande.

Reprendre vn homme en ſa cholere, quand on n'a pas l'auctorité pour l'eſteindre, c'eſt l'allumer d'auantage.

C'eſt vn foudre que la cholere, quand elle fe rencontre auec la puiffance.

Accouftumez vous à vous demander conte de vos paf-fions, & voftre cholere de-uiendra plus modere, quand elle viendra à comparoiftre deuant fon Iuge.

Voyez plaintes.

CLEMENCE.

LA Clemence eft auffi bien la force que l'orne-ment des Royaumes.

La plus belle clemence eft celle qui conuainc, non par la repentance, mais par l'horreur des supplices.

La misericorde ne regarde
pas la cause, mais la fortune
& la clemence regardent l'vn
& l'autre.

Ce n'eſt pas clemence que
de ceſſer les meurdres par la
fin des ennemis.

La clemence la plus loüa-
ble, c'eſt quand la colere eſt
la plus iuſte.

Voyez pardon.

Cœur & courage.

C'Eſt auoir trop peu de
courage que de crain-
dre, là où le danger ne paroiſt

point.

Suiuez voftre courage, mais que l'accompagnez de prudence.

L'apprehenfion bannie du cœur des Amants, eft celle qui ne leur laiffe ordinairement rien impoffible.

Le cœur que le deftin a deçeu, ne peut plus eftre capable des feux d'amour.

Vn cœur genereux eft toufiours femblable à foy mefme.

Voyez grandeur de courage.

Cognoiſtre ſoy meſme.

I'Ay apris à me cognoiſtre, ie ne puis meſcognoiſtre mes imperfections.

La plus belle cognoiſſance que nous puiſſions acquerir, c'eſt de nous cognoiſtre.

Bien cognoiſtre ſoy meſme, eſt bien cognoiſtre ſon ame.

Aux honneurs & triomphes qui eſleuent les hommes par deſſus les hommes, il n'y a rien ſi neceſſaire que de recognoiſtre, & ſe reſouuenir de ce que l'on a eſté.

Il ne nous faut plus de pre-

cepteurs de la vertu, quand
nous commençons à nous a-
uoir nous mefmes en reue-
rence.

Chilon vn iour interrōgé,
quelle chofe eftoit la plus difficile de toutes. Il refpondit fe
cognoiftre foy mefme.

Vne ame qui fe cognoift,
& recognoift d'où vient le
bien qu'elle a, fe monftre
toufiours ennemie de l'or-
gueil.

Ne fe cognoiftre pas, ce
font reprochables tenebres
qui eftouffent la lumiere en
l'homme.

Veu que tu es né homme,

tu dois auoir souuenance de
la fortune commune.

C'est vne tresgrande ignorance que l'homme ne le co-
gnoisse pas soy mesme.

CONSCIENCE.

NOs consciences parlent
ordinairement à nous,
& nous representent, malgré
que nous en ayons, le registre de nos fautes.

Il n'y a rien plus delecta-
ble, que les plaisirs qui viennent de la satisfaction de la
conscience.

Il vaut mieux se fier à sa

conscience, qu'à toutes les
seuretez que l'offence peut
imaginer, pour s'asseurer de la
peur qui le suit, comme l'ombre le corps.

Plusieurs hommes ont plus
besoin de conscience, que de
science.

La conscience est l'accusa-
teur, le tesmoin & le iuge des
crimes plus secrets, & de laquelle on ne peut euiter les
poursuites, les gesnes, ni les
tourmens.

Conseillez vous à vostre
conscience, pluftoft qu'à voftre courage.

Ne cherchons autre conſcience de noſtre labeur, que la conſcience d'auoir bien faiɾ.

Celuy qui eſt hors du chemin de verité, n'aura nõ plus de conſcience de iurer ce qui eſt faut, que ce qui eſt vray.

Nous ne deuons pas beaucoup nous ſoucier des langues des hommes, mais de noſtre conſcience.

Les peuples ne ſont iamais induis à bien obeir, que par la loy ſouueraine de la conſcience.

Science ſans conſcience eſt vanité.

Nous ne deuons pas auoir

enuie ſur celuy qui abonde en
richeſſes, mais trop bien ſur
celuy qui ſans peché ſe peut
vanter d'auoir vne conſcience pure & nette.

Quiconque croit à bon
eſcient que ſon ame eſt immortelle, ſe laiſſe conduire à
la raiſon, pour ſe comporter
modeſtement en la commu-
ne ſocieté, auec paix, concor-
de, & rondeur.

Pluſieurs craignent la renommée, mais peu d'hom-
mes craignent la conſcience.

Conseil & conseil.

Amais les conseils importuns ne succedent heureusement.

C'est le soustien de la vie humaine, d'auoir quelqu'vn à qui on ouure son cœur, ou descouure ses desseins, & qui on reste les secrets qui complice d'vne mutuelle charité, felicite nostre contentement, & plaigne nostre affliction.

C'est vne douleur publiquement souspiree entre les mortels, de ressentir les incommoditez qui suiuent la naissance.

Vous abfoudrez beaucoup
de gens , fi vous commencez
à iuger auant vous courroucer.

Les plus dangereux con-
feils aux eftats populaires,
font ceux qui fufpendent le
iugement.

Les republiques s'acca-
blent de leur pefanteur, mefmes s'ils ne font fouftenuês
par confeil.

Celuy qui vit fans confeil,
reffemble à celuy qui flote
fur les riuieres, il ne va pas,
mais il eft porté.

Ce n'eft moindre trahifon
& crime de zele Maiefté , de

diſſimuler le bon conſeil enuers ſon prince, que de l'offencer en ſa propre perſonne.

Il faut cherir & reſpecter
les conſeils & les remedes de
ceux qui ayment le malade.

C'eſt parmy les affligez que
Dieu prend ſes eſleuz, & non
parmy les contens, & les heureux de ce monde.

Il eſt aiſé à celuy qui eſt en
ioye de reconforter la perſonne comblée de deſplaiſir.

Il n'y a point de mauuais
conſeil, que celuy qui ne peut
eſtre changé.

Comment le vent qui

rompt l'arbre du nauire, empefche que la tempefte ne le
renuerfe, ainfi les petites infortunes en fauuent de plus
grande, pource qu'elle leur
ofte la prife.

Il n'y a iamais rien de fi affeuré, qu'il n'y faille craindre,
ny rien de fi efbranlé qu'il
n'y faille efperer.

Ie n'ay point de plus douce confolation en mon ad-
uerfité, que de n'eftre confo-
lé de perfonne.

Le plus grand coup qu'on
rende à la fortune, c'eft de
fouffrir patiemment fes outrages.

L'esprit troublé se rasserene
lors qu'on iette la veuë sur
quelque intime amy.

Nous deuons imiter les
exemples dont nous biions
la patience.

La vertu languist & se flai-
trist lors que nous n'auons
point d'aduersitez.

C'est vn acte de femme de
se laisser abbatre à ses aduersitez.

Conseiller la ioye à vne
ame desolee, c'est luy commander les pleurs.

Esperons & desirons ce qu'il
nous plaist, mais supportons
auec patience tout ce qui

nous

nous arriuera.

Les mortels ne peuuent rien fur ce que le Ciel à mis en fa protection.

Comme l'ombre fuit le Soleil, les aduerfitez fuyuent la gloire.

En la diftinction des confeils, & aux choix des aduis, il faut preferer ceux qui conferuent l'honneur & l'equité.

Pren pour figne de ton bien les maux que tu endures.

Ce que nous appellons miferes & calamitez, ce font dons de Dieu trefprecieux & profitables.

Les hommes n'ont point

F

de plus cruels ennemis, que la trop grande aduerſité.

Si nous auons d'autres a-mis, c'eſt leur faire tort qu'ils ne ſoyent pas ſuffiſans pour conſoler la perte d'vn ſeul : ſi nous n'en auons point, ç'a eſté nous faire plus de tort, que la fortune ne nous en a fait : car elle ne nous en oſte qu'vn ſeul, & nous nous ſom-mes oſtez ceux que nous pouuions faire.

Si voſtre vertu n'eſt re-compenſee, comme elle me-rite, pour le moins elle eſt recogneuë & confeſſee d'vn chacun.

Il n'eſt homme plus miſe-
rable, que celuy qui n'a iamais eu d'aduerſitez.

Faites iour au milieu du
nuage de ceſte affliction, &
pour vous en reſoudre parfaitement conſolez de voſtre
veuë, ce qui vous ayme vniquement.

Brauez voſtre malheur qui
ne cerche qu'à faire vn ca-
bal de voſtre ruine, & dreſſer
ſes trophées ſur voſtre aduerſité.

La nature a rendu les triſteſſes commune, afin qu'en
ceſte egalité nous nous peuſ-
ſions conſoler.

Nous n'auons rien qui nous tefmoigne tant l'immortalité de nos ames, & qui face refplendir plus cherement l'efpoir de la vie eternelle, que le courage que nous donne la conftance.

C'eft mettre des biens faits au Ciel à rente, de vifiter & confoler les affligez, & de leur aider de noftre pouuoir.

Les accidens qui abaiffent la condition des hommes, font des maux neceffaires à la reuolution des chofes humaines, & que nul ne fe peut dire priuilegié en ce changement fatal.

Il ne peut rien auoir de si grand aux malheurs, qu'il n'y ait encor quelque chose de plus grand en l'ame pour les surmonter.

Vne ame forte & genereuse prend pluſtoſt les trauerſes de fortune, pour exercer ſa generoſité, que pour ſe plaindre.

Voyez reſiſter.

CONSTANCE.

IE feray paroiſtre, en vous aymant, vne ſi affectionnée fermeté, que la fidelité ſe ſentira obligée à mon a-

F iij

mour.

Si la mort mesme outre laquelle ne s'estendent ni les menaces des loix, ni l'Empire de la fortune ne vous estonent point, rien ne vous peuuent les enuies de ceux qui ne font que les organes des loix, ou que les malins de la fortune.

Ie feray voir, en vous affectionnant, vne amitié si deuotieuse, que la constance sera redeuable aux passionnez effets de ma perseuerance.

Ma constance vous pourra monstrer aisément qu'elle a autant de courage à mourir pour vous , qu'elle a eu de cœur & d'enuie de viure en vous aymant.

Quelque refroidissement que ie voye suruenir en voftre affection , ie suis resolu que la mienne n'y participera aucunement, ni en effet, ni en volonté.

Ie ne peux esperer de prosperité , que sous les fauorables signes de voftre conftance.

La terre prendra pluftoft la place du ciel , que quelqu'vn se puiffe veritablement vanter d'aymer plus côftamment que moy.

F iiij

Iamais mon cœur ne s'allumera aux feux d'vn second amour.

Ie feray paroiſtre aux ſiecles aduenir, que ie ſuis celuy qui pour vous s'eſt rendu le roc inuincible de fermeté.

I'entretiendray ma conſtance, & iamais ne la verray partir de moy , qu'auec les derniers reſpirs de mon ame.

Celuy eſt conſtant en ſes affections, qui ayme auec iugement.

Le plus bel artifice d'auoir, c'eſt d'aymer conſtamment.

Ie croy que c'eſt pour fonder ma conſtance, que vous

me donnez tant d'afflictions.

Le ieu de conſtance ſe iouë principallement à porter de pied ferme les inconueniens, où il n'y a point de remede.

Comme le matelot ne deuient pilote qu'entre les orages & tempeſtes, ainſi l'homme ne deuient vrayement homme (c'eſt à dire courageux) qu'entre les aduerſitez.

Comme la vertu nous commande de ſouhaiter les choſes bonnes : auſſi elle nous conſeille de ſupporter les autres, qui arriuent malgré nous.

F v

CONTENTEMENT.

LE contentement ne vient que de la ioüissance de ce que l'on desire.

En ceste occasion repose le salut de mes iours, ou le peril de ma ioye.

Qui ne peut receuoir de contentement, ne doit point cercher de la fortune.

Vostre contentemét sera le fatal de mes pensees, où mes affectiós viserót toute ma vie

Là où il n'y a point de contentement, il n'y peut auoir d'heur.

Si vous aymez vostre con-

tentement, donnez en à celuy qui vous ayme.

Il sembloit que le contentement mendiast la faueur de
vostre amour, pour se voir en
sa veritable perfection.

Elle faisoit dire à ses yeux
auec vne muette eloquence,
plus de ioye & de contentement, que la langue la plus
diserte du monde n'eust sçeu
exprimer en paroles.

CORRECTION.

IAmais il ne faut employer
les supplices, sinon quand
on a consommé les remedes.

Il ne faut point vſer de la mort, ſi ce que l'on craint n'eſt pire que ce que l'on condamne.

Le chaſtiment moderé fait les obeiſſans, l'immoderé les retifs.

La fortune & les Roys pardonnent ſouuent, pour punir plus ſeuerement ceux qui ont abuſé de pardon.

Comme les medecins ne cherchent pas ſeulement de guerir les playes, mais auſſi d'empeſcher que les cicatrices n'en demeurent difformes: Ainſi les princes ne doiuent pas ſeulement eſſayer de fauuer la vie des leurs , mais auffi la reputation.

Nous ne tuerions pas les afpics & les viperes , fi nous les pouuions adoucir, auffi ne faut-il pas perdre les hommes que nous pouuons amender.

L'homme de bien punift les mefchans, non pas pour fe venger, mais pour les amender.

La multitude des fupplices apporte auffi mauuaife reputation aux Princes, comme la multitude des morts aux medecins.

La punition differee fe peut executer, mais l'executée ne

se peut r'appeller.

Voyez pardon.

COVRTOISIE.

C'Est voftre courtoifie qui me prefte la faueur, que le ciel & la nature m'auoyent deniées.

Si ma capacité alloit au pair auec voftre courtoifie, ie penferois en cela ioindre mon deuoir à la fatisfaction de mon defir.

La courtoifie & la charité qui font les parties familieres à vne belle ame, ne peuuent demeurer oifiues en la voftre.

La gloire naiffant de la
courtoifie exercee en vn fubiet loüable, eft marque d'vne
double couronne.

Contentez vous de m'obli-
ger de courtoifie, fans vous
offrir encor aux effets.

Vous voulez triompher fur
moy de courtoifie, autant
que d'obligation.

C'eft par courtoifie que vo'
me voulez du bien, comme
par deuoir ie vous honore.

Ie trouue cefte courtoifie,
par trop courtoife, qui defac-
commode le maiftre, pour
accommoder l'eftranger.

CRAINDRE.

CEux qui ne font retenus que par la crainte, ne sõt bons que pour l'apparence.

Si iamais ame fut trauaillee de crainte, de foupçon, & de repentance, c'eft la mienne, qui à ce difcours eft muette & confufe.

De tous les maux, la crainte eft le plus grand, & le plus fafcheux.

Il faut craindre les chofes douteufes, & attendre les certaines.

La peur ferme les yeux aux perils, & la temerité les ouure.

Aux rencontres foudains & non deliberez, la crainte fait par defefpoir les mefmes effects, que la temerité par prudence.

Ie fuis deçeu en mes efperances, mais ie ne le puis eftre en ma crainte.

Les Amants viuent toufiours auec plus de crainte, que d'efperance, & adiouftér pluftoft foy aux mauuaifes nouuelles, qu'aux bonnes.

Il faut toufiours que la crainte laiffe quelque affeurance, & monftre plus d'experience que le danger.

C'eft chofe qui arriue vo-

lôtiers, que l'on croit pluftoſt
à ce que l'on craint, que l'on
n'eſpere ce que l'on deſire.

La crainte eſt loüable au
mal, & reprochable au bien.

Vne ame aſſeruie à la douleur, donne ordinairement
plus de pitié que de crainte.

C'eſt auoir le courage bas
de craindre ce qu'on ne peut
éuiter.

C'eſt le fait d'vne ame timi-
de, que de tourner les ſou-
pçons en crainte.

N'ayez point l'ame trauer-
fee de crainte, car ie ruineray
pour voſtre ſubiet tout ce qui
vous en pourroit donner de

l'ombrage.

Il n'y a tourment au monde tant à craindre que la crainte.

Il n'importe combien à de pouuoir celuy que vous craignez, fi tout le monde peut ce pourquoy vous le craignez.

Il se faut craindre foy-mef-me, pour ne rougir point à l'endroit d'autruy.

La crainte que i'ay que mon peu de merite vous ofte l'enuie de me vouloir du bié, rend aucunement imparfaites toutes les ioyes, que cefte douce imagination me faifoit iuger fi entieres & fi accomplies.

Cependant que les crain-
tes ou les esperances suspen-
dent nostre ame , nous ne
ioüissons pas du present, &
l'aduenir nous tourmente.

CREANCE.

IE reçoy tant de tesmoignages de vostre bon naturel,
outre les protestations de vos
belles paroles , que si i'en
estois en doute , ie croirois
prophaner la verité.

l'ouure ma creance à tout
ce que vous luy enuoyez, &
vous asseure qu'elle ne sera
iamais rebelle à vos paroles.

que ie tiens pour filles legitimes de la verité.

Les hommes forment vo-
lontiers leurs creances , à ce
qu'ils defirent & affeurent,
comme chofes faites, ce qu'ils
voudroyent eftre fait.

Mes defirs ont prins tel
fondement en ma prefom-
ptiue , que i'ofe flater ma
croyance de l'honneur de
voftre amitié.

Nous voulons ordinaire-
ment croire tard ce qui bleffe
noftre ame en le croyant.

Ie crains qu'en croyant à
vos belles paroles, ma croyá-
ce ne foit vlceree d'vne erreur

Il ne faut point esperer de creance où l'on n'a iamais esprouué que du mensonge.

Vous ne pouuez errer en ceste creance, mais vous pouuez bien faillir au doute de mon dire.

Vostre bonne volonté me donne vne vie plus heureuse, que ie n'eusse presque osé demander, & croire de ma fortune.

Ie vous croy capable de tout ce que ie vous pourrois dire sur ce subiet, & assez disposé à tout ce que mes prieres vous pourroyent conuier.

Si ie croy que vous m'ayez

aimé, ie ne fçay pas quel fera le fondement de ma creance.

Mon amour eft defia fi diuin, qu'il ne vit plus que de la creance, que i'ay que vous me voulez du bien, & n'a befoin de chofe quelconque, pour conferuer fa vie, qu'vn peu de manne de vos graces, plus defirees qu'efperees.

Nous fommes plus tenus de croire à nos yeux, qu'à nos oreilles.

CRVAVTE'.

VOus ne fçauriez auoir autant de cruauté, que

mon amour ne foit encor plus grande.

Il n'eſt pas en mon choix, de me deliurer d'vne captiuité, qui ne fut iamais en ma puiſſance d'euiter.

La cruauté n'eſt digne d'vn eſprit humain, & qui veut eſtre cruel & inhumain, il eſt beſoin qu'il ſe deſpoüille de la nature humaine & raiſonnable.

Si mes larmes vous importunent, il eſt en vous de les faire ceſſer donnant fin de vos cruautez.

Voſtre cruauté veut que ie n'eſpere

n'espere rien, & mon affectiõ,
fait que ie me promette tout.

C'est cruauté de me causer
la mort, pour la recompense
de mon seruice.

Ceux qui ont l'ame cruel-
le, deuiennent pires quand ils
sont priez.

Ta cruauté a estouffé les
feux de mon cœur, ne luy laissant seulement que des cendre mortes pour toute vie.

Ie cesseray de vous aimer,
quand vous aurez rendu
mon ame aussi dure, & aussi
cruelle que la vostre.

Viuez heureuse, si vous de-
sirez ma mort, car vostre sou-

G

hait fera bien toſt accomply.

Ie veux ſupporter vos cruautez d'vne telle conſtance,
qu'vn iour vous ſerez contrainte de me recognoiſtre
auſſi fidelle, que ie vous adore
belle & parfaite.

Voyez rigueur deffiance, voyez
artifices & tromperie.

DEVOIR.

IL n'y a point de deuoir, ou
la ſeule curioſité gouuerne
les affections.

On ne peut acquerir de
honte, au pourchas de ſon
deuoir.

Le deuoir ſe meſure pour la pluſpart, par la qualité des perſonnes.

Comme il n'y a point de faute à ſuiure ſon deuoir, il n'y faut point d'excuſe, pour ſe iuſtifier.

Ie ne veux viure ſans me conformer eternellement aux termes du deuoir.

Vous prenez mon deuoir pour courtoiſie.

Il n'y a rien qui contienne tant les meſchans dans les bornes de leur deuoir, que la crainte de la peine.

C'eſt le deuoir d'vn qui veut imiter Ieſus Chriſt en ſes

œuures, que d’oublier les iniures, & aider ſes ennemis.

Au dernier iour, Dieu fera
iugement des hommes, non
pas par leur ſçauoir, mais par
les preuues effectuelles de leur
deuoir.

DELIBERATION.

LEs choſes qui ſont deba-
tuës par meure delibera-
tion, viennent ordinairemét
à bonne fin.

Il n’y a rien tant indeter-
miné, que les deliberations
des Amans, qui de moment
en moment changent de re-

folutions.

Ie ne fuis pas aifé de perfuader au côtraire de ce que
i'ay deliberé en mes refolutions.

Ne foyez trop haftif en vos
deliberations , mais quand
vous aurez arrefté quelque
entreprife,executez làprom-
ptement.

*Defefpoir,voy fortune,affli-
ction,mal, & malheur.*

Defdain & mefpris.

IE me retire de cefte paffion
& amitié, auec autant de
glace, comme elle m'auoit.

donné de feu.

Le trop frequent vſage de quelque choſe que ce ſoit, en apporte le meſpris.

L'amour meſpriſé, ſouuent ſe change en rage.

Les prieres enorgueilliſſent les deſdaigneux, & la mort les bourrelle de repentance.

Ne deſdaignez point la ſouffrance d'vn cœur, dont la generoſité eſleue ſes belles penſées iuſques au Ciel de vos diuinitez.

Le reſentiment du meſpris, eſt le ſepulchre des amours.

Vos deſdains, qui me ſont autant de faueurs, ne me ſçau-

royent diuertir de l'amour
que vos doux regards ont
fait naiftre en moy.

Elle eft accomplie, mais elle
ne vous defire pas, elle eft
parfaite, mais elle vous defdaigne, elle eft le parangon
de merite , mais fon cœur
n'eft point pour vous.

N'attendez pas des regrets
de moy , Belle legere , voftre
conquefte & voftre perte
m'ont efté tout vn , car celle
cy m'eft auffi peu déplora-
ble, que l'autre me fut peu
auantageufe.

Si ie n'ay point merité vos
bonnes graces par mes ferui-

ce, aufſi n'ay-ie point merité
vos courroux , par mes deſo-
beiſſances.

Si vous eſtes meſpriſée,
croyez que c'eſt pour vos
meſpris, car le Ciel paye tout
de ſemblable monnoye.

DESSEINS.

SI mõ ame pouuoit iuger le
deſſein de vos cõceptions,
les effeis de mon obeiſſance
auroyent preuenu l'honneur
de vos commandemens.

Iamais ie n'ay eu dans l'ame
autre deſſein de vous ſeruir,
que ſelon les loix de l'hon-

neur.

Les mauuais deſſeins ſont
ordinairemét conçeuz auec
honte, & enfantez auec douleur.

Ceux qui viuent ſans deſ-
ſein, ſont comme les choſes
qui nagent ſur les riuieres, elles ne vont pas, mais elles
ſont portees.

Nos deſſeins ne volent pas
touſiours en l'air, ils ont
quelque but, qui eſt l'apparence du bien.

Mon deſſein ne tend qu'à
vous rendre tout contentement.

Si voſtre courage eſt equitable , vous n'aurez point d'autre deſſein que noſtre legitime contentement.

Mon meilleur deſſein eſt victorieux de toutes mes autres affections.

Les deſtinées ſe preparent autrement que nos deſſeins ne les penſent ſuiure.

Le deſſein de mon entrepriſe eſt ietté , il ne tient plus qu'à voſtre volonté , que l'execution ne s'en enſuiue.

L'ignorance qui m'eſt auſſi commune , que l'honneſteté vous eſt familiere, m'arreſte tout court au milieu de mon deſſein.

Mon infortuné malheur
m'a conduit à ceste miserable
entreprise, & m'a poussé à ce
dessein.

Deshonneur, voyez fautes
& Reproches.

DESIRS.

SOyez aussi desireuse de
mon contentement, que
ie le suis de vostre seruice.

Ie voudrois que le ciel, qui
m'a donné l'audace du desir,
m'eust donné la grace du merite.

Les voiles de nos desirs
nous esgarent souuent loin

de noftre propre nature.

Les Amants mefurent le temps par le defir.

Il eft mal-aifé d'attendre patiemment ce qu'on defire auec beaucoup d'efperance.

Tous defirs tendent à la fin de leur contentement.

L'enuie que i'auois de trouuer repos à mes mortels defirs, à efté caufe de me les augmenter.

Vous m'aurez feule, où ne m'aurez point du tout, c'eft raifon que vous defirát feul, voftre defir reciproque ne fouhaite autre que moy.

Il n'a rien impoffible à ce

que deux Amants defirent
ardemment.

Vous ne fçauriez rien defirer de poffible, que vous n'y
parueniez, fi voftre parole
ou vos yeux le demandent.

Ie vis en vos defirs,& meurs
en voftre efperance.

Ses defirs s'eftançonnent
d'amour, fon amour d'efperance, & fon efperance de
quelque fatalité.

Ie me fuis laiffé miferable-
mét emporter au vol de mes
defirs.

Hauffe toy mon defir, il
faut qu'vn braue cœur viue
comme Adonis, & meure

comme Icare.

Celuy qui n'obtient pas ce qu'il defire, eft infortuné, & celuy qui tombe en ce qu'il fuit, malheureux.

Mes defirs me rendent auffi foigneux de vous complaire, comme ié fuis obligé par deuoir, & pouffé par mon inclination à vous faire feruice.

Voyez fouhaits.

DESTIN.

CE font des plus fortunez que la fortune afflige, & les plus auanturiers que le deftin trauerfe.

On ne peut mieux brauer le deftin, que de vouloir ce qu'il veut.

Le fuleau de la deftinée retort tout auffi bien la fin des villes, que celle des hommes.

Le deftin cruel à changé mes mirthes en Cyprez, mon efpoir en defefpoir, & mes douceurs en amertume.

Le cœur que le deftin à deçeu, ne peut plus eftre capable des feux d'amour.

Les deftinées fe preparent autrement que nos deffeins ne les penfent fuiure.

Le deftin nous a tous attachez à vne mefme chaine, &

nous entraine tous comme
des forçats au monument.

Voyez fortune.

DE DIEV.

DEmáder quelque chofe
contre la prouidence de
Dieu, c'eft vouloir corrom-
pre le Iuge & Gouuerneur de
tout le monde.

Dieu ne demande point
nos biens, mais que nous
nous rendions dignes des
fiens.

Dieu fait les hommes, mais
les hommes fôt leurs armes.

Il n'y a fi petite offrande

qui n'agrée à Dieu, preſentée par des mains pures & innocentes.

Il nous faut parler à Dieu, comme les hommes nous voyás, & viure auec les hom-mes, comme Dieu nous par-lant & nous voyant.

Dieu n'eſt point cogneu de nous (dit Lactance) ſinon aux choſes aduerſes & en nos calamitez.

Le principal effet de la pie-té, eſt de nous apprendre à cognoiſtre Dieu.

Discours & propos.

LEs paroles sont les trom-
pettes des desirs, & les desirs herauts de l'affection.

Comme le miroir repre-
sente la forme du visage, la
parole represente celle de l'a-
me.

Les effets sont gages de la
prudence, & les paroles instrumens des volontez.

Les paroles ne sont que les
idées de nos desirs, & les effets sont les corps de nos volontez.

Si mes discours sont com-
muns auec ceux des autres

hommes, mes affections n'en
feront pas de mefme.

Les paroles obligent aux
effets, & les effets font les deb-
teurs des promeffes.

Ie ne fçay quel vent de perfidie à emporté ces beaux
difcours, qui m'annonçoient
vne foy inuiolable.

Les paroles que ie me
croyois les plus viues, me fuf-
fent mortes en la bouche.

Ne faites parade de paro-
les à l'endroit du vulgaire:
mais bien de belles actions,
qui en procedent.

Doctrine & sçauoir.

IL n'eſt iamais tard en aucun âge, d'apprendre ce qui eſt neceſſaire.

Les couſtumes honorables ne ſont point tant de nature que de doctrine.

Il n'y a choſe plus diuine, & de laquelle l'homme doiue pluſtoſt prendre conſeil que de ſa doctrine, & de ſes amis.

C'eſt vne eſpece d'intemperance, de vouloir plus ſçauoir qu'il n'eſt beſoin.

Tout ainſi que la ſanté eſt la cóſeruation du corps, ain-

ſi la doctrine eſt la garde de
l'ame.

Les hommes ſçauans ont
penſé que l'eſtude des lettres
fuſt le ſeul remede contre les
aduerſitez.

Il ne ſuruient iamais trop
d'affaires aux hómes doctes.

L'homme acquiert ſageſſe
par ſon bon eſprit, & non par
aage.

Socrates admóneſtoit tous
ceux qui auoyent deſir de renommée, qu'ils ne viſſent à
ſe courroucer contre quelque homme ſçauant, pour ce
que les doctes ont grand force en l'vne & l'autre partie.

Il eſt autant laid de n'apprendre quelque bonne choſe, quand on l'oit, que de refuſer de ſon amy vn honneſte
don quand il le preſente.

Occupez le temps à ap-
prendre, quand ſerez de loiſir, & eſcoutez volontiers les
ſçauans, par ce moyen vous
entendrez facilement ce que
les autres ont inuenté auec
grand difficulté.

Donner & preſenter.

IE vous offre ces nouueaux
fruicts d'vne peine agreable, leſquels vous trouuerez

aigres, eſtant cueillis en l'ari-
de terroir de mon eſprit.

Receuez ce mien labeur
que ie vous preſente, non tãt
pour me deſengager de ce
que ie vous dois, que pour
vous cõſacrer par iceluy tout
ce que Dieu me donnera iamais d'eſprit & de vie.

Si c'eſt choſe indigne de
voſtre merite, vous ſerez
d'autant plus digne de loüange en l'acceptant.

Ie vous dedie cecy du cœur
que ie vous ay voüé mon ſeruice.

Ceux-là ne peuuent eſtre
fidelles qui s'obligent plu-

ſtoſt par preſent, que de volonté.

Ie vous le preſente, comme
Polyclete faiſoit ſes tableaux,
le pinceau encor à la main, &
preſt à reformer tout ce que
vn plus delié iugement y
trouuera à redire.

I'ayme mieux, vous preſen-
tant quelque choſe, eſtre re-
puté ignorant, qu'ingrat.

Ayez plus eſgard à l'affection de l'ouurier, qu'au merite de l'ouurage.

Ie prie voſtre diſcretion
d'empeſcher que par quel-
que cenſure, vous ne rece-
uiez ingrattement ma liberalité.

ralité.

Receuez-le, non comme chose digne de merite, mais comme vn tesmoignage de ma bonne volonté.

Si vous plaist receuoir mon present d'vn gracieux visage, cela me poussera plus outre.

Vous receuez auec les effets de mon affection, ceux de mon ignorance, qui ne se peut cacher là où mon labeur se monstre.

I'espere que ce mien œuure reüssira sous l'authorité de voftre nom, & vous estant à gré, sera agreable au public.

H

Ces prefens que ie reçois font plus dignes de vous qui les faites, que de moy qui les prens.

Si le don m'eſt aggreable, celuy qui me le fait me l'eſt encor plus.

Voyez offrir & prefenter feruice.

D O V C E V R.

IL n'y a rien plus digne de l'homme que la douceur, & au contraire, rien plus indigne de luy que la cruauté.

Il n'y a rien ſi doux en l'vn & l'autre ſexe, que de ſe voir aymé.

Mesurez vos douceurs au poix de vos beautez.

Vous cachez la rigueur de vos infidelitez sous la douceur de vos paroles.

Toutes grandes affaires ne se meinent à bout, qu'auec douceur & patience.

Les douceurs de l'amour ne s'auancent iamais par rudes aigreurs.

La douceur de voſtre nature à permis à la pitié de ſe loger en voſtre ame, afin d'en chaſſer la rigueur, dans laquelle ſe formoyent les preparatifs de mon tombeau.

Voyez clemence

H ij

D O V L E V R.

LA douleur croiſt deme-
ſurément, quand elle eſt
par trop flatée.

I'eſtime la douleur inſup-
portable, quand elle vient
ſans l'auoir merité.

Comme mes delices ont
pris de vous leur eſſence,
vous eſtes auſſi l'origine de
mes douleurs.

Entre toutes les douleurs
du monde, celle qui procede
de l'amour eſt la plus grande.

C'eſt vne choſe impoſſi-
ble d'enfanter des paroles de
lieſſe, en conceuant des pen-

sees de douleur.

Si vous endurez quelque mal pareil à la moindre de mes douleurs, ie vous plains, iugeant voftre paffion par ma fouffrance.

Ie ne peux pas accroiftre voftre iufte douleur, en allongeant le difcours de mon iniufte difgrace.

La douleur que i'ay fentie pour cefte perte, furpaffe toute imagination.

En mon affection i'euffe difputé contre Dieu mefme, fi vne crainte fecrette n'euft refrené ma douleur.

ECHO.

LEs pitoyables Echos vốt redisất apres elle, les derniers mots de sa complainte.

La seule Echo pitoyable luy reduisoit le nom bien aimé de sa chere Amante, luy augmentant de plus en plus sa douleur.

Les Echos souspirent encor la cruauté de leurs coups.

La dépiteuse Echo d'vn souspir souuentesfois reïteré, regrettoit encor mal heureuse, les rigoureux desdains du bel amoureux de soy-mesme.

Ses tristes & déplorables

regrets, eſtoyent clairement
repetez d'vn Echo, qui caché
dans les deſtours d'vn rocher, regringottoit, & alloit
rediſant ſes meſmes paroles,
& ſes meſmes complaintes.

EFFETS,

IE vous feray paroiſtre plus
d'effet en mes volôtez, que
d'eloquence en mes paroles.

Vous ſçaurez vn iour par
effet, ce que vous ne faites
maintenant qu'imaginer.

L'effet de voſtre promeſſe
à fait reüſſir ma creance à ſon
contentement.

Les mauuaiſes cauſes ne peuuent produire de bons effets.

Les effets doyuent eſtre la demonſtration, de ce que peuuent ceux qui s'offrent.

Ce ſeroit s'abuſer de croire aux paroles d'vne choſe, dont la preuue conſiſte aux effets.

Les effets d'amour ſont affections momentaires, qui s'alterans perpetuellement, precipitent les cœurs en des inquietudes eſtranges.

Les effets ſont gages de la prudence, & les paroles inſtrumens des volontez.

Mes effets ne ſeront iamais

autres qu'vn veritable tableau, ou vos deffiances y li-
ront la loy de mon feruage.

Vn iour vous cognoiftrez
des effets pour tefmoignages
irreprochables de ma veritable promeffe.

ELOQVENCE.

VOftre eloquence peut
defrober les ames de-
dans les cœurs, & les porter à
ce qu'elle defire.

On ne vous peut non plus
vaincre par le bien dire, que
par le bien faire.

Il n'y a point d'ame fi fa-

rouche qu'elle n'euſt appri-
uoiſee par ſa douce & harmo-
nieuſe voix.

Vous auez autant emprun-
té d'eloquence pour pallier
voſtre meſchanceté, que de
trahiſon pour l'executer.

Il n'y a diſcours qui ne
manque au reſpect de voſtre
bien dire, & belle ame qui ne
ſemble groſſiere, oppoſee à
ce feu diuin qui vous anime.

Vne parole doux coulan-
te ſortoit de ſa bouche auec
autant de modeſtie, que la
modeſtie meſme auec l'eloquence, auroyent peine de ſe
rendre ſi venerables pour ce

respect.

L'eloquence de vos douces paroles, me ferme la bouche, & m'oblige à mon propre silence.

Enseignemens moraux.

CRaignez Dieu, honorez vos parens, reuerez vos amis, obeissez aux loix.

Soyez humain en vos mœurs, affable en vos paroles.

Ne vous ennuyez autrement de vostre condition presente, ains taschez de la rendre meilleure.

Rendez vous aggreable à
chacun , s'il est possible, &
vous accointez seulement
des bons.

N'assistez ni ne donnez
conseil à meschanceté quelconque.

Resioüissez vous honneste-
ment du bien, & portez dou-
cemét le mal qui vous vient.

Ne soyez desmesuré en
vostre ris, ni trop audacieux:
car l'vn est signe de folie,
l'autre d'outrecuidance.

Preferez le sçauoir à l'argét,
l'vn s'en va incontinent, &
l'autre demeure tousiours.

Ne reprochez à personne

fa calamité, car c'eſt vne condition commune, & ne ſça-
uons ce qu'il nous aduiendra.

Quand vous ſerez conſti-
tué en quelque dignité, ne
vous aydez des meſchans en
charge que ce ſoit, pour autant que l'on vous donnera
touſiours le blaſme du mal
qu'ils feront.

Accouſtumez le corps au
trauail, & l'eſprit à apprédre.

Propoſez vous choſes im-
mortelles, comme magnani-
mes, & mortelles, vſant mo-
derément des biens que vous
aurez.

ENTENDRE.

IL eſt difficile de iuger d'vne choſe, qui n'en a entendu la cauſe.

Il n'y a rien qui ſerue tant à la guerifon du mal, que de bien entendre la cauſe.

Ils ſe faiſoyent entendre ſous des accens, auſſi melo-dieuſement funebres, que ceux là des chantres de Meandre.

C'eſt vn traict de folie, de blaſmer les choſes que l'on n'entend point.

Ce ſont ordinairement les ignorans qui condamnent

les choſes non entenduës.

_____

ENTREPRENDRE.

C'Eſt honneur d'entre-
prendre, mais plus en-
cor d'executer.

Le plus ſouuent nous nous
faiſons les choſes difficiles, à
faute de cœur, & d'audace
pour les entreprendre.

Ie ne veux pas entrepren-
dre ce qui eſt facile, mais bien
faciliter ce que i'entreprens.

Celuy qui ſe meſle de beaucoup d'affaires, donne beaucoup de priſe ſur ſoy à la fortune.

Toutes les belles entreprifes
fe commencent auec danger,
& s'acheuent auec plaifir.

Qui veut bien mener à fin
vn deffein, n'en doit entreprendre plufieurs, car l'efprit
qui eft par tout, n'eft en nulle part.

Le commencement eft
loüable en toute bonne chofe, mais la fin en a toufiours
efté la perfection.

S'il y a eu de la legereté
en mon entreprife, il y
a de la conftance en fon
fubiet.

Les entreprinfes hazardeu-
fes fe doyuent executer auec

iugement.

Mon cœur me fignifie
quelque chofe de finiftre en
cefte entreprife.

Ie donne plus de foy à l'im-
poffibilité, qu'à aucune apparence que ie puiffe recognoiftre en cefte dangereufe
entreprife.

Comme ceux qui voyent
beaucoup de pays, font plufieurs cognoiffances & peu
d'amitiez: Ainfi ceux qui en-
treprennent beaucoup, font
peu de chofes, & beaucoup
d'entreprifes.

Il ne faut pas tant regarder
au fubiet de nos entreprinfes,

qu'à la fin où elles tendent.

Ceux que la crainte des richeſſes retire des belles entrepriſes, ſont ſemblables à ceux à qui les fardeaux empeſchent de nager.

ENVIE.

PEndant que les enuieux regardent de trauers le bien d'autruy, ils laiſſent gaſter le leur, & en perdent le plaiſir.

Tout ainſi que là où il n'y a lumiere, il n'y a ombre: auſſi là où il n'y a vertu, il n'y a point d'enuie.

L'enuie ne procede que des ames baſſes & terreſtres.

Nous deuons nous ſouuenir qu'apres la gloire enſuit l'enuie.

L'enuie s'eſtend touſiours aux choſes plus hautes.

La plus difficile voye du monde, c'eſt de cheminer entre l'enuie & le meſpris.

Tout ainſi que celuy qui ſe plaiſt à faire exercice, ſe doit garder de la laſſitude; auſſi qui ioüit de la bonne fortune doit éuiter l'enuie.

Ainſi que la roüilleure mange le fer, ainſi enuie conſomme les enuieux.

Mes ennemis & enuieux ont ietté le moule de leurs desseins sur mon sepulchre.

L'enuie & la malice d'autruy ont forgé les instrumens de nos erreurs.

L'enuie, l'infidelité, & la rigueur faisoyét marcher leurs forces contre moy, à enseignes desployées.

L'office de l'enuieux, est desirer qu'il n'arriue bien à autruy.

L'enuie se paist du seul mal, & est tourmentee du bien, receuant en soy mesme le mal qu'elle desire és autres.

Celuy qui chemine au So-

leil eft fuiui de l'ombre, &
qui va par le chemin de la
gloire, eft accompagné d'enuie.

Ceux qui fe refioüiffent de
la calamité d'autruy, mon-
ftrent d'ignorer la nature,
qui peut eftre commune à
tous.

Efcrire, voyez lettres.

ESPERANCE.

MEs defirs & mes vœux
fe terminent en vous,
mes penfees n'ont autre obiet, vous poffedez tous mes
plaifirs, auec mes efperances.

Les grands fe doiuent quelquefois plus donner de garde de leurs amis, que de leurs ennemis, pource qu'il eft plus difficile de faouler l'efperance des vns, que d'affeurer la crainte des autres.

Ie tiens mon ame captiue entre l'efperance & l'amour.

L'efperance des chofes dignes, donne plus de contentement à vn efprit genereux, que la ioüiffance des baffes & vulgaires.

L'efperance eft iufte, quand elle naift d'vn merite.

Ce qui conferue les bons en leurs loüables mœurs, c'eft

l’efperance de la gloire.

C’eſt en vous ſeule qu’eſperent mes eſperances.

L’eſperance eſt celle ſeule qui anime & viuifie noſtre trauail.

L’eſperance vaine, eſt vn deſeſpoir continuel.

L’amour à baſty ſa demeure icy bas entre la crainte & l’eſperance.

Ie ſuis auſſi las d’eſperer, que de viure.

C’eſt peine perduë de ſe tourmenter apres ce que l’on deſeſpere de pouuoir obtenir

Ceſte eſperance me fera rendre deuot obſeruateur de

ce que ie vous doy.

Les esperances n'y ont plus d'accez, & les desirs y sont vains.

L'esperance est raison des veillans.

C'est vn traict de grand maistre, d'enclorre beaucoup en peu d'esperance.

Qui n'a de l'espoir, ne peut dire auoir de la vie.

Il n'y a que la seule mort, qui puisse tuer l'esperance.

L'esperance est le dernier soulas des aduersitez.

L'esperance & la peur sont les deux tourmens des choses aduenir.

N'arra-

N'arrachez pas cet espoir,
ma belle, qui seul me sou-
stient, au milieu de tant de
martyres, releuez le plustost,
& ensemble vous releuerez
en moy le fort de patience, à
demy terracé.

Tant que nos esperances
durent, nous ne voulons
point quitter nos desirs.

Nos esperances le plus souuent sont aussi tost mortes
que fleuries.

E X E M P L E S.

C'Est en tout temps chose
fort loüable & glorieuse

I

de feruir aux fiens d'exemple
à bien faire.

Le chemin eft long par les
preceptes, & court par les exemples.

Celuy qui ne peut plus profiter par fa vertu ny par fa fidelité, doit profiter par fon
exemple.

L'exemple d'autruy ne nous
doit pas obliger à mal faire.

L'exemple de ma fidelité
vous oblige à la conftance.

Les Princes doyuent leur
exemple au peuple.

C'eft abufer de la iuftice de
Dieu, que d'auoir l'authorité
des vieux pour deffence, &

se seruir des vices des ieunes
pour patron.

I'ay esté reduit à telle extremité, que ie sers maintenant d'exemple de mises aux
miserables.

Les plus grands thresors des
enfans, sont les exemples do-
mestiques.

Ce qui se fait par exemple,
n'est iamais si asseuré, ni si
louable que ce qui se fait volontairement , & par vne
meure deliberation de soy-
mesme.

La vertu prouoquee adiou-
ste beaucoup à soy-mesme.

Les mauuais exemples re-

tournent toufiours fur ceux
qui les donnent.

EXERCICES.

IL y a beaucoup plus d'hommes, qui deuiennent bons
par exercice, que par nature.

L'exercice continuel fur-
monte les commandemens
de tous les maiftres.

L'exercice a plus de pou-
uoir à l'honnefteté, que la
nature.

Toutes chofes fe peuuent
apprendre par exercices.

Les exercices modeftes,
rendent les corps plus robu-

ſe ſeruir des vices des ieunes
pour patron.

I'ay eſté reduit à telle extremité, que ie ſers maintenant d'exemple de miſes aux
miſerables.

Les plus grands threſors des
enfans, ſont les exemples do-
meſtiques.

Ce qui ſe fait par exemple,
n'eſt iamais ſi aſſeuré, ni ſi
louable que ce qui ſe fait volontairement , & par vne
meure deliberation de ſoy-
meſme.

La vertu prouoquee adiou-
ſte beaucoup à ſoy- meſme.

Les mauuais exemples re-

tournent toufiours fur ceux
qui les donnent.

EXERCICES.

IL y a beaucoup plus d'hommes, qui deuiennent bons
par exercice, que par nature.

L'exercice continuel fur-
monte les commandemens
de tous les maiftres.

L'exercice a plus de pou-
uoir à l'honnefteté, que la
nature.

Toutes chofes fe peuuent
apprendre par exercices.

Les exercices modeftes,
rendent les corps plus robu-

ſtes & plus fermes.

Vous conſeruerez ce que
ſçauez par l'exercer, & reme-
morer ſouuent.

Excuſes, & deffences.

L Es excuſes ne ſont point
neceſſaires à ceux qui
n'ont point failly.

Conſiderez que depuis peu,
ie vous ay offenſé, & que depuis long temps ie vous auois
pleu.

C'eſt vne demie innocence
que l'imitation de la faute
d'autruy.

En excuſant voſtre iniuſte

crainte, il femble que vous
accufez ma hardieffe.

Iamais mes fouhaits n'ont
pretendu chofe, que la vertu
ne doyue aduoüer pour legitimes.

Iamais les excufes ne manquent aux mauuaifes volontez, mais les bonnes n'en re-
çoyuent point.

Ie me veux munir de vo-
ftre belle prudence, pour
l'oppofer aux fauffes calomnies des medifans.

Croyez que tous les re-
mords les plus cuifans du
monde, ne me feront iamais
rié, au refpect de celuy, que ie

porte de vous auoir manqué.

Ie vous prie d'oüir patiemment mes raifons , & iuger
fans paffion de mes iuftifica-
tions.

Vos excufes font belles, &
d'autant plus valables que le
merite ne la perfonne vous
obligeoit à tel deuoir.

Mes pretenfions ont efté
trop faintes,& mes defirs trop
iuftes , pour vouloir tacher
tant foit peu la gloire de voftre nom.

Ie fondray les glaces de
toutes calomnies, auec le Soleil de mon innocence.

Les plus feueres iuges efcoutent les deffences des criminels, & ne les condamnent fans les auoir oüis.

Ie veux r'imprimer en voſtre creance, ce qui s'y eſt effacé à mon deſauantage.

C'eſt vn defaut fans faute, & vn peché fans offence, que ie laueray pourtant auec vn flux de larmes, iufqu'à ce que le feu de vos beaux yeux en tariſſe la ſource.

Ie prens vos paroles pour iufte iuſtification de leur integrité.

Si les iuſtifications de mes defirs peuuent obtenir audience de voſtre colere, ie remettray voſtre opinion en ſon premier ſiege.

Celuy ne peut eſtre deſ-honoré, que la vertu honore.

Si la raiſon vous pouuoit auſſi bien ſoulager , qu'elle m'excuſe, ie vous dirois auec autant de reſpect, que de har-dieſſe , ce qui pourroit flater voſtre courroux.

C'eſt aux grands courages d'excuſer les grandes fautes.

Voyez innocence, & pardon.

———————————

Excuſes de n'auoir eſcrit.

IE vous eſcrits ſans preiudi-ce de mon priuilege, qui eſt

de n'efcrire, ny refpondre aux
lettres de mes amis, que quád
ie leur puis feruir.

Noftre amitié n'a point
befoin d'eftre cultiuee auec
des fuperftitions & apparences.

Ce font les amitiez debiles
& mal fondées, qui ont befoin de lettres, & d'autres ce-
remonieufes demonftratiõs,
pour les fouftenir.

Si le papier pouuoit rougir
comme moy, vous le verriez
vifiblement enflammé de la
honte que i'ay d'auoir tant
differé.

Ie me fuis gardé de vous ef-

crire , craignant d'eftre pluftoft eftimé importun,qu'of-
ficieux.

Il ne vous falloit point
tant faire d'excufes , de ne
m'auoir efcrit , car nous ai-
mans vnanimement, & de
cœur,comme nous faifons la
commodité de l'vn , eft la
commodité de l'autre.

Ie n'ay pas tant failly à
ceft affaire , comme la memoire m'a deffailly à moy-
mefme.

La loy d'amitié ne m'oblige qu'à ce que ie puis , & que
ie ferois pour moy mefme.

Penfant à la difficulté du

ſubiet, ie demeure touſiours auec le deſir d'eſcrire, & crains de commencer.

Il n'y a point de longueur, ny d'intermiſſion de viſites, ou de lettres, qui m'ayent empeſché de conſeruer la memoire de noſtre amitié touſiours entiere & inuiolable.

Il y a ſi long temps que i'ay diſcontinué à vous eſcrire, que i'ay honte de prendre la plume, & vous en faire vne longue excuſe, ſi ie ne m'aſ-ſeurois que vous cognoiſſez bien mon cœur, qui parlant & ſe taiſant eſt touſiours auecques vous.

Si i'ay laiſſé d'eſcrire, vous ne deuez pourtant iuger que i'aye laiſſé de vous aymer.

Ie vous eſcrirois plus ſou-uent , ſi la ſterilité du ſubiet ne me manquoit.

Si ie ne vous ay donné re-ſponce auec la plume, ie vous ay reſpondu du cœur & de la volonté.

Si mes occupations m'ont oſté le loiſir de vous eſcrire, ils ne m'ont pas oſté le deſir, ny le iugement pour cognoi-ſtre que le deuois faire.

EXPERIENCE.

CEluy qui a fait experience du mal, en peut re-
foudre à l'auátage de la verité.

I'ay tant d'experience de
voftre bonne volonté, qu'il
refte feulement que vous ex-
perimentiez le defir de ma re-
cognoiffance.

I'ay tant fait de preuue de
voftre amitié & fidelité, que
i'efpere, que vous ne me
manqueriez au befoin.

Vos offres ne m'affeurent
point tant de voftre bonne
volonté, comme i'en ay fait
d'experience, auec effets ve-

ritables.

Il n'y a perſonne ſi experi-
menté à qui l'aage & l'vſage
n'apporte encor quelque cognoiſſance.

Il n'y a rien ſi difficile
qu'on ne puiſſe ſurmonter
par vſage & exercice.

I'ay la memoire trop re-
cente des obligations qui me
rendent à iamais voſtre redeuable, pour auoir deſiré par
mes importunitez d'en tirer
de nouuelles aſſeurances.

FACE OV VISAGE.

LEs merueilles de voſtre
viſage me rendirent vo-

ftre captif, fi toft que ie vous
vey, & cefte rare grace qui
vous fait exceler fur toute
autre, me retint voftre pri-
fonnier.

Le beau Soleil de voftre
face eftant eclipfé de mes
yeux, ie feray contraint de
me repaiftre d'vne infinité
de pleurs.

A voir ce Soleil, il n'y auoit
aftre de beauté en la terre,
qui n'euft fouhaitté d'emprunter la lumiere de la diuinité de fes rayons.

Tous les traits de fon vifage, recueillis apres l'exquis
de la beauté, eftoyent pro-

pres à faire naiſtre l'amour.

FAVEVR.

VOus ne me pouuez de-
nier vos faueurs, ſans of-
fenſer voſtre honneſteté.

Si i'auois à combattre le
pouuoir de la fortune, ie ne
ſouhaitterois de plus fortes
armes, que les faueurs deſquelles vous gratifiez ma
condition.

C'eſt la plus grande faueur
que ie ſçaurois vous donner,
que de m'expoſer à la mercy
de voſtre diſcretion.

Tous les delices du monde,

font des fafcheux ennuis en
mon ame hors de l'eftat de
vos bonnes graces.

Si vous me iugez digne de
vous fauorifer, ie tiens que
vous meritez beaucoup plus
que ma faueur.

I'aime fi vniquement vo-
ftre bien, que ce me fera du
contentement, que mon mal
vous fauorife.

Ie ne fçay quel feruice fa-
tisferoit à la faueur que i'ay
reçeuë de vous.

Il n'y a celuy qui ne pen-
faft, voyant voftre beauté,
qu'vne feule de vos faueurs
l'obligeaft à perdre mille vies

pour voſtre ſeruice.

C'eſt choſe trop cognuë que la vie des hommes ne ſe peut paſſer des faueurs de la fortune.

Sous la faueur de voſtre ſageſſe, vous ſatisfaites à mes vieilles eſperances.

Il ne s'en trouuera point vn qui ait plus aimé que moy, qui ait reçeu moins de faueur de l'amour.

Prenez voſtre faueur à mes vœux, & m'aidez à porter la pierre, pour baſtir les fondemens de ma felicité.

Ie ne puis auoir aucun moyen de recognoiſtre ce-

ste fauorable preuue de vostre honnesteté.

La faueur est louche, & la
haine est aueugle du tout.

Quand les Amans ont eu
quelque apparence de fa-
ueur, ils vollent glorieusement heureux sur le vol de
leurs desseins.

Si mes faueurs meritent
que vous vous teniez mon
obligé, où si aumoins ie vous
ay iamais pleu, prenez pitié de
mon embrasement.

FAVTE.

Bien souuent apres la faute
cognuë, le remede se

trouue trop efloigné.

On ne reproche point la faute à celuy qui a failly auec vne infinité d'autres, la compagnie l'excufe, & le nombre femble couurir fon erreur.

Il ne faut continuer les fautes, la derniere paye les precedentes.

La faute que l'on fait par confeil, ne fe peut autrement nommer, que faute fagement faite.

La profeffion des Medecins à ce priuilege, que le Soleil void leurs experiences, & la terre cache leurs fautes.

Volontiers ceux qui ont failly, se mescontét au temps, voulans excuser leurs fautes.

Nos consciences parlent ordinairemét à nous, & nous representent , malgré que nous en ayons le registre de nos fautes.

Son cœur confessa ses fautes , ses yeux les plorerent , & sa langue en demanda pardon à Dieu.

Failly est chose humaine, se repentir diuine, & perseuerer diabolique.

FEINTISE.

SI la feintife ne pretend
point de droit fur l'exte-
rieur de vos actions , vous ne
nous tromperez pas en l'efperance que vous nous auez
donnee.

Ie ne fçay quel vent de perfidie à fi legerement emporté vos feintes promeffes.

Perfonne ne me pourra ia-
mais faire croire , qu'il y ait
de la feintife, où i'ay recognu
tant de foy.

Ne vous efgarez pas en vô-
ftre opinion de ma creance,
ie tiens que vos yeux n'ont

mouuement qui ne foit de-
guifé, voftre bouche ouuerture, qui ne foit menfongere,
& voftre ame penfee, qui ne
tarde à nous abufer.

Elle eft auffi feinte dans le
cœur, qu'elle eft peinte fur le
vifage.

Bien fouuent vne loüable
& vertueufe apparence, cou-
ue quelque deffein vicieux.

Ne feignez point vne in-
nocence, là où eft la coulpe.

Vous perdrez l'opinion,
quand il vous plaira, que ie
ne vous fers que par feintife.

Me meffiant de moy mef-
me, ie me fuis feint à ma feintife.

tife.

Il n'y a rien de plus mal
feant que des larmes, ou feintes, ou contraintes.

Tous vos charmes ne me
fçauroyent efblouyr la veuë,
pour me perfuader vos actiõs
autres que fimulées.

FELICITE'.

LEs grandes & profpe-
res Felicitez, font ordi-
nairement voifines des grandes difgraces.

La felicité eft la principale
fin de l'homme, & la vertu le

K

vray moyen , pour en auoir la iouyſſance.

Felicité eſt la fin de toutes choſes,qui ſont à deſirer.

Le Ciel voulant eſleuer de ſa main ma fortune, vous a eſleuë pour eſtre l'inſtrument de ma felicité.

Le ſouhait d'eſtre heureux eſt treſgrand,mais il eſt tresvain,ſans la verité.

Tout ce qui doit auoir vne fin glorieuſe , doit proceder de cauſes iuſtes.

Il n'y a perſonne tant ennemy de l'amour , & de ſon bien , qui refuſaſt la felicité de voſtre ſeruitude.

Le cours de leurs felicitez, leur fit paſſer ſans ennuy la carriere de quelques années, au bout deſquelles la fortune leur donna vne ſecouſſe.

Ma propre felicité me releue par deſſus la vie du contentement.

Ie confondois & meſlois la ioye de mes felicitez paſſees, parmy la douleur de mes infortunes preſentes.

FIDELITE.

IE vous chery par deſſus toutes les graces deuës du Ciel, auec autant de fidelité, que

K ij

d'amour.

Les preuues que i'ay faites
de voſtre fidelité, vous ont
acquis tant de part en mes affections , que ie penſe eſtre
obligé à vous aimer & honorer pour ce ſeul reſpect.

Ma conſtance & ma fideli-
té m'accompagneront en la
reſolution que i'ay prinſe de
vous aimer, iuſques au dernier periode de ma vie.

Ma fidelité me fait fidellement participer au bien, & au
mal qui vous arriue.

Ie vous priue de mettre en
vſage la fidelité, que i'ay iu-
rée au bien de voſtre ſeruice,

où l'on ne me verra iamais deffectueux que par impuif-fance.

Si vos paroles font fuiuies de leurs effets, vous deuance-rez les autres en fidelité.

La continuation de ma fi-delité brifera le rocher d'ob-ftination qui rempare fi fort voftre ame.

La foy eft meilleure garde du Prince que l'efpée.

Mon cœur ne peut pas permettre de telles infideli-tez contre la fidelité de mes vœux.

Celuy qui a perdu la foy n'a plus que perdre.

Commandez & esprouuez
ma fidelité, vous la verrez en-
cline à vostre seruice, & moy
à vos commandemens.

Ie puis bien manquer à la
courtoisie, mais non pas à la
fidelité, ma grossiere nourriture m'exempte de l'vne, &
la mesme, peut estre, me fait
part de l'autre.

Ce que i'en ay fait n'estoit
que pour donner vn tesmoignage de ma fidelité au merite de vos perfections.

Vne Dame ne peut rien
desirer de celuy qui la sert
dauantage que la fidelité, par
ce que c'est le plus rare tresor

du monde, & le plus riche
ioyau d'amour.

La foy des vrays Amants
demeure pure & nette au milieu de toutes les trauerses &
inquietudes, que la fortune
auec les aisles de son inconstance leur pourroit dresser.

Les anciens sacrifioyent à
la Foy auec la main dextre,
couuerte d'vn drap blanc,
d'autant que la Foy doit estre
nette, blanche, & couuerte.

FIN DE LETTRES.

L E Ciel, qui exauce les
vœux fideles, benisse &

K iiij

contente vos defirs.

Priant celuy qui nous de-
part les graces, de me conferuer aux voftres trefdefirees.

Iugez en cefte briefue lettre, vne eternité d'amour.

Conferuez moy vne place
en voftre fouuenance, fi vous
defirez que par l'oppofite, le
defefpoir ne m'enleue ce qui
eft iuftement voftre.

Cefte lettre fera donc la
derniere que vous receurez,
pour ce fubiet, eftant bien
marry que les honneurs & la
gloire, dont i'efperois faire
reluire ce beau nom, ont auffi toft prins fin que commen-

cement.

Rien dauantage , finon
que ie vis auec vne memoire
perpetuelle de vos beautez &
perfections.

Ie ne vous efcry rien da-
uantage de ma deuotion , car
ie craindrois d'offencer voftre beau iugement.

Si vous aymez encor les
marques de ma main , gar-
dez cefte lettre, pour le dernier gage de mon amour.

Ie fay fin à ma lettre, & non
à mes recommandations, car
ie veux qu'elles foyent infinies, comme le defir & affection, que i'ay à voftre ferui-

K v

ce.

Voiez lettres, prier & souhaiter.

Flammes d'amour.

V N mesme feu consommoit iadis nos cœurs, mais il n'y a eu que le mien, qui ait esté reduit en cendre.

Nos flammes guidées par la seule vertu se rendent immortelles du iour mesme de leur estre.

Les flammes que ie reçoy de vos beaux yeux, ne sont nullement tributaires aux violables loix du changement, parce qu'vn dessein trop loüable les anime.

Il eſt mal aiſé de couurir ſi bien par le dedans les flammes, qu'vne veritable affection tient allumées en noſtre cœur, qu'il n'en paroiſſe quelque eſtincelle au dehors.

Le feu deſloyal, qui n'enflamme que les ames imprudentes, ne troublera iamais l'heureux repos de mes eſprits.

Mes flammes ſont demeurees comme eſtouffees en mon ſein & d'autant plus cuiſantes, qu'elles n'ont peu iuſques ici trouuer ouuerture pour paroiſtre deuant vous.

Si toutes chofes alloyent
par raifon, les flames qui ar-
dent mon trifte cœur, me fe-
royent donner de l'allege-
ment, & vous donneriez
blafme à vous mefmes, de
m'eftre fi cruelle.

Ie vous embraffe auec toutes vos flammes, mais gardez
vous de me faire embraffer
vn infidelle.

La force de vos flammes
impudiques ne pourra ia-
mais efbranler la nef de ma
pudicité.

Mon cœur animé de la ge-
nereufe ardeur de voftre a-
mitié, vous fera paroiftre vn

feu plain d’autant de difcretion que de conftante refolution en fon deuoir.

Ie ne fuis plus capable d’autre feu, que de celuy de vos
yeux, car les plus clairs flam-
beaux d’amour ne me fem-
blent que des bluettes trop
petites pour m’efchauffer.

FLATERIE.

IL faut pluftoft offencer a-
uec les chofes vrayes, que
plaire en flattant.

Pour flatter les defplaifirs
de ma vie, il faut que ie meure
ne pouuant viure fatisfait de

voftre fortune.

Les paroles trop flatteuſes
n'offencent pas quelque fois
moins les hommes, que les
iniurieuſes.

La vraye amitié ne peut
eſtre où eſt vne deceptiue a-
dulation.

Nul ne peut cognoiftre s'il
eſt aimé pendant qu'il eſt
heureux.

Ceux qui flattent conti-
nuellemét, ſont de nulle foy.

Fuy, comme choſes abo-
minables, la bien-veillance
des flatteurs, & les infortunes
de tes amis.

N'ayez pas moins en hor-

reur les flatteurs, que les af-
fronteurs, car tous deux de-
çoyuent ceux qui les croyent.

Les chaſſeurs prennent les
liéures auec les chiens, & les
flatteurs prennent les hommes auec leurs fauſſes loüanges.

Les grands Seigneurs ſça-
uent bien chaſſer les mouſches de leur viſage, mais ils
ne ſçauent point chaſſer les
flatteurs de leurs oreilles.

Tout ainſi qu'Acteon fut
deſchiré des chiés qu'il auoit
nourris : ainſi pluſieurs ſont
deſtruits des flatteurs, qui ont
familiarité auec eux.

Les flatteurs font femblables
aux courtifannes, qui defirent en leurs amoureux toutes fortes de biens, excepté
la prudence & le iugement.

FOLIE.

LE Sage porte les inconfi-
derations du temeraire,
auec la mefme patience que
le Medecin les iniures du
Phrenetique.

Il n'y a rien de fage en la folie, finon qu'elle empefche de
craindre la mort.

La fageffe ne peut ven-
dre, auffi trouueroit-elle peu

de marchant, mais la folie a-
chette tous les iours.

La vie des fols eſt touſiours
ingrate, incertaine, & depend
de la fortune, car elle ne fait
que demander, ne ioüiſt iamais & s'attache à l'aduenir.

C'eſt le propre des fols de
remarquer de pres les vices
d'autruy, & de ne regarder
leurs fautes que de loin.

Les ſages apprennent plus
des fols, que les fols des ſages,
car ceux ci conſiderent leur
folie, & ceux là n'imitent pas
leur ſageſſe.

La parole des fols, c'eſt le
bruit de la mer qui bat le ri-

uage, & n'engraiſſe point les
herbes.

Voyez ſageſſe.

FORCE.

LA force ne ſert de rien, là
où regne la Iuſtice.

Celuy qui ne peut fuir à
quelque choſe, à plus d'honneur de l'effectuer de franche volonté, que de force.

La force peut violenter
mon corps, mais l'eſprit ſera
exempt de ſes violences.

Il n'y a point de neceſſité
à vne choſe qui n'eſt point
forcée.

La force combat, mais il faut que le bon droit soit victorieux.

Elle resistoit tousiours par vne douce force, aux efforts de ses persuasions.

C'est à la force de faire la loy à ceux qui ne sont pas esgallement esgaux.

Il vouloit faire force à l'amour, mais les armes ont forcé sa force.

FORTVNE.

LA fortune s'esbat maintenant à me faire payer l'interest des plaisirs qu'elle m'a autre fois prestez.

La fortune auare & vsu-
riere, desirant de moy les in-
terests de ma prosperité, se
fait payer par les voyes de rigueur.

Il n'y a aucune porte si bien
fortifiée de richesses, qu'elle
ne soit ouuerte par les occasions de la fortune.

Comme les soldars ne laissent pas de s'exercer aux armes, durant la paix : ainsi en
temps de prosperité il ne faut
pas laisser de s'esprouuer contre la fortune.

Fortune donne trop à plu-
sieurs, mais a nul iusques à

suffisance.

La fortune a executé sur moy des choses incomprehensibles, en la pensee de ceux qu'elle fauorise.

Ce sont les braues cœurs, qui endurent les grandes fortunes.

Les faueurs de la fortune ne font pas des presens : mais des appasts.

Nul ne doit refuser la fortune que tous les autres endurent.

La fortune n'a pas les mains longues, elle ne touche que ceux qui s'en approchent.

Ie suis le blanc, où la fortune à furieusement décoché tous les traicts de son ire.

La fortune nous trauerse, pour nous faire trouuer plus de bien en nos felicitez.

La fortune octroye ses faueurs, à qui il luy plaist, & les reuoque aussi, quand bon luy semble.

L'homme commence à deuenir suiet de la fortune, quand il establit partie de sa felicité hors de soy-mesme.

Au temps que les choses sont plus prosperes & ioyeuses, la fortune qui les espie, vient leur apporter tristesse

& misere.

Il n'y a rien ici bas qui ne se change, & qui ne porte les carractères, visibles ou inuisibles, de ceste deesse errante.

Voyez malheur.

F v i r.

NE fuyons point les choses, qui ne sont point en nostre puissance, mais seulemét ce qui est naturellement contraire à ce qui est en nous.

C'est aux ames foibles & lasches de se plaindre de ce qu'on ne peut euiter.

La preuoyance du peril, fa-

uorife les remedes qu'on cerche de l'euiter.

Il ne faut iamais achepter
vne honteufe fuite, au mef-
pris d'vne glorieufe victoire.

Fuyez les calomnies des
hómes, iaçoit qu'elles foient
fauffes, d'autant que la pluf-
part du monde, ignore la verité, & fe gouuerne par opinion.

Ta honteufe fuite, a mis
au iour ta lafcheté, à ta ruine
& confufion.

Il faut fuir la gloire de ce
móde, car ce n'eft rien qu'vn
chant de Syrene, qui nous
endort, vne poifon fuccrée,
qui

qui nous tuë, & vn baſilic,
qui d'vn ſeul regard fait perir.

GOVVERNEMENT.

LE bon Roy ſe doit porter
en ſon gouuernement,
ainſi que le pere à l'endroit
de ſes enfans, & Dieu enùers
tout le monde.

Le bon & iuſte gouuerneur
ſe doit departir de l'admini-
ſtration publique plus honorable que riche.

Celuy eſt aſſez occupé qui
n'a que le gouuernement de
ſa perſonne, & qui penſe, non

L

comme il pourra paſſer ſon temps, mais comme il deura finir ſa vie.

Les Roys ſont Geome-triens, qui doiuent à leurs ſuiets la demonſtration auſſi bien que la reigle, & le peuple eſt vn ſuiet auſſi ententif aux actions qu'aux paroles de ſon Prince.

Les Royaumes floriſſent heureuſement, quand les Roys & Princes deſpriſent leur propre gain.

Il faut que le Prince ſoit au-tant par deſſus nous, comme pour nous, car nous nous de-uons eſioüir de ſa grandeur,

puis que nous voulons ioüir
de son vmbre.

Les Princes doiuent leur
exemple au peuple.

Les Roys dominent sur les
peuples, & Dieu sur les Roys.

Le Prince doit vser de present que les Dieux ne donnent qu'à luy seul, c'est de
sauuer les hommes qu'il auroit bien puissance de faire
mourir.

Toutes les actions du Prince, ne doiuent tendre qu'au
bien & salut de son peuple.

Quand on void que le
Prince se sert de gens sages, il
ne faut plus douter de sa pru-

dence.

Il n'y a rien qui face plus recognoiftre vn Prince, que la condition de ceux dont il fe fert.

Le Roy fe doit monftrer terrible, pluftoft par mena-ces, que par punition.

En l'ordre du genre humain, c'eft chofe trefgrande que d'eftre Roy, mais plus excellente d'eftre bon Roy.

La main & la puiffance des Roys eft fi longue & fi grande, qu'ils peuuent tout ce qu'ils veulent.

Le Prince doit auoir tant de Iuftice, que ceux qui perif-

sent ne luy contredisent, &
tant de clemence que ceux
qui luy contredisent ne pe-
rissent pas.

Les Roys qui sont dispen-
sateurs des honneurs & des
fortunes, les peuuent departir
à qui bon leur semble.

Grandeur de courage.

LA hardiesse procede bien
souuent du merite, & la
crainte de l'indignité.

La grandeur de courage
est tout ainsi qu'vn certain
ornement de vertus.

C'est aux effets, & non aux

paroles, que la grandeur de courage se fait paroiſtre.

Il eſt beaucoup plus loüable de paſlir ſous vne penible contrainte, que de rougir de honte ſous vne licite hardieſſe.

Le courage ne doit eſtre que le miniſtre & l'executeur des conſeils du iugement & de la prudence.

L'ame courageuſe eſt vn Dieu oſté du corps humain.

Quiconque veut que le courage luy rapporte de l'hõneur, qu'il l'exerce aux choſes honneſtes & licites, & hors du mouuement de la colere.

Il n'appartient qu'aux grands d'executer les choses grandes promptement & facilement.

Les grands courages ne s'attribuent rien sur leurs richesses que la puissance de les despenser.

Vostre courage n'a pas vaincu le mien , mais ma fortune a esté vaincuë par la voster.

La lascheté accompagnee d'vn desespoir, est plus griefue & desplaisante à vn homme, qui a le cœur haut & en bonne place, que la mort qui luy vient par proüesse, auec

L iiij

l'esperance de la gloire publique.

C'est le fait d'vn grand courage de se seruir de terre comme d'argent, mais encor plus de se seruir d'argent comme terre.

C'est le naturel des grands cœurs, de ne se taire pour la presence du peril, ou la crainte de la seruitude.

L'homme n'est estimé d'auantage, pour auoir les membres gros & lourds, mais pour le bon cœur qu'il a.

Il n'y a empeschement qui puisse mettre du plomb aux aisles d'vn bon courage.

Celuy est appellé magna-
nime, lequel est digne, & s'e-
stime digne de grandes choses.

Celuy courage est le plus
grand, lequel plustost peut
supporter la vie calomnieuse
que la fuir.

Rien ne peut estre de si
grand aux malheurs que ie
n'aye encor quelque chose
de plus grand en l'ame, pour
les surmonter.

GVERRE.

IL ne se faut iamais resoudre à la guerre, sinon quãd

l'esperance nous monstre plus de profit, que la crainte ne nous descouure de perte.

Aux premiers desseins de la guerre, il faut penser aux issuës.

Il n'y a guerre, tant iniuste, qui ne treuue des opinions pour la fauoriser.

Le droit de la guerre donne aux conquerans les biens & les corps qui se treuuent aux villes conquises.

C'est folie de faire la guerre à des miserables, veu que le succez en est douteux, le dómage certain, & la victoire sans profit.

Les loix font muettes durant le tonnerre de la guerre.

Aux affaires de la guerre, ce qui ne vient à temps ny à propos, eft toufiours inutile.

Il y a des malheurs au fait des armes, qu'il faut pluftoft rapporter à la rigueur de la fortune, & à l'impreuoyance, qu'à faute de courage.

Les guerres qui fe font fans caufe, ont ordinairement des iffuës, malheureufes.

Il eft toufiours plus honteux à vn grand Capitaine de reculer auec profit, que de s'auancer auec perte.

Les feditions inteftines

nuisent generallemét à tous,
par ce qu'elles tendent tant à
la ruine des vainqueurs, que
des vaincus.

HAINE.

IE ne pense pas (quand
bien ie vous occasionne-
rois à me hayr) que voftre
bon naturel me peuft vou-
loir aucune haine.

C'eft vne chofe tres-iniufte
que les enfans foyent heritiers de la haine que nous
portons à leurs peres.

Le trop de familiarité, engendre mefpris & peu de re-

ſpcct, la haine cruauté.

La haine à qui on ne reſiſte point, tombe d'elle meſme, car elle pert ſon appuy, perdant ſa reſiſtence.

On dit que la fortune eſt tres-miſerable à qui a faute d'ennemis, mais il faut eſtimer la mienne bien heureuſe, eſtant aſſaillie de tant de haines ſans occaſion.

Iamais ie n'euſſe penſé que d'amitié ſi grande, euſt peu ſortir haine ſi mortelle.

Ie prie Dieu qu'il me donne moyen de vous faire autant de preuues de ma reſolution, comme ie vous voy resoluë à ma haine.

Il n'y a si foible persua-
sion, qui ne soit assez forte,
quand la haine persuade à
croire.

La courtoisie estoit bien en
vostre front, mais la haine re-
sidoit en vostre ame.

Il faut hayr auec mesure &
aimer sans mesure.

Aymer ses ennemis, c'est
vne action diuine, aimer ses
amis, humaine, & hayr ses
amis plus que bestiale.

Le desdain vous fait hayr
mon ombre à la poursuite de
mon mespris.

La vertu n'est iamais com-

prinse en haine des person-
nes, & se separe tousiours de
la communauté de leurs passions, pour n'estre soüillée de
leurs outrages, & de l'indis-
cretion de leur colere.

Indigne d'estre aymé, que
puisses-tu rencontrer autant
de haine, que i'ay eu d'amour
pour toy, afin de te voir aussi
iustement puny, que tu m'as
iniustement martyrée.

Ceux qui ont esté trom-
pez en leur amitié, hayssent
sans feintise & dissimulation.

Comme nous ne hayssons
les mousches pour leur ai-
guillon, mais les aymons à

cause de leur miel : ainsi ne
faut il pas mespriser les amis
pour leurs corrections & ad-
uertissemens, mais pour leur
fidelité & bon conseil.

HAZARD.

POur occasion de peu, il
ne se faut mettre en ha-
zard de peril.

Le Ciel nous vend tout
au peril du trauail & des hazards.

Le hazard acquiert quel-
ques fois le bien qui deuroit
estre recerché par la prudéce.

Aux maladies desesperees,

on a recours aux remedes hazardeux.

Il est plus honorable de se
perdre en vne entreprise ha-
zardeuse, que de triompher
d'vne chose basse.

Il ne faut iamais venir aux
grands hazards, sinon auec
des aduantages apparens, ou
des necessitez extrémes, &
ineuitables.

L'acquest d'vne chose si
precieuse, merite le hazard
de mille vies, pour gagner la
moindre de ses faueurs.

Les hazards commandent
bien souuent à la prudence.

C'est vne estrange hardies-

se que la fureur de la necessité, quand il n'y a point d'autre salut que le danger.

Il est dangereux en vn estat
de faire paroistre combien il
y a de meschans.

L'honneur gist aux ha-
zards.

Les entreprises hazardeu-
ses se doyuent executer auec
iugement.

Il y a du hazard en mes
desseins, & de l'incertitude
en ma resolution.

Iamais vn bon hazard n'arriue à vn qui n'ose.

C'est vne grande impru-
dence, de se precipiter à vn

peril prefent, pour en éuiter
vn autte, qui eft incertain.

Les grands honneurs ne
s'acquierent qu'auec les
grands perils.

───── ─── ── ──── ─── ─

H E V R.

D'Vn heur non attendu
les defirs font toufiours
plus grands, que non pas les
efperances.

Comme le premier heur eft
d'euiter le mal, le fecond eft
de le fupporter conftammét,

C'eftvn faux & imaginaire
bon heur, de n'eftre heureux
que par la renommée.

I'ay peur que l'heur de mes
defirs n'engendre du mal-
heur à mes efperances.

Bien-heureux font ceux
qui cognoiffent le Ciel premier que le monde.

Les grands font bien-heu-
reux quand perfonne ne
ment à leur loüange.

Tout mon heur depend
de vous, ces lettres en font
des tefmoins irreprochables,
efcrites par mon martyre, qui
en eftant le fuiet & l'autheur,
s'eft ferui de mes larmes pour
encre, & pour papier de la
fimple candeur de mon ame.

voyez Felicité.

HONNEVR.

IL n'y a rien qui tente plus les courages magnanimes que l'honneur.

Viure fans honneur, c'eft mourir auec honte.

Voftre reputation vous fait mieux cognoiftre, que ie ne vous fçaurois defpeindre.

Vous eftes le feul miroir du monde, où fe mire l'honneur.

Tout ce qui apporte du preiudice & de la perte eft honteux : auffi tout ce qui eft vtile & feur eft honorable.

L'honneur eft plus en celuy

qui honore, qu'en celuy qui est honoré.

Vne amitié parfaitement belle, doit auoir pour guide l'honneur, la vertu, & la crainte.

Les desirs desrobez de l'honneur, sont tousiours tallonnez de quelque infortune.

L'honneur se doit acquerir par la vertu, & non auec tromperie, pource que l'vn est office des meschans, & l'autre des gens de bien.

L'honneur s'est de tout temps associé auec vous.

Vous n'aymez pas d'auantage mon idée, que i'honore

voſtre bel eſprit, non par imitation, mais par deuoir.

Vos paroles ſont touſiours conçeuës par l'honneſteté, & prononcées par la modeſtie.

Ce qui eſt deshonneſte à faire, ne l'eſtimez iamais honneſte à dire.

L'honneur à touſiours tenu le laurier de toutes mes affe-ctions, & l'affection de toutes mes eſperances.

Ie deſire de me faire touſ-iours paroiſtre hóneſtement auec ceux qui font profeſſion d'honneur.

Le vray honneur, eſt l'eſ-clat d'vne belle & vertueuſe

action, qui rejallit de noſtre conſcience, à la veuë de ceux, auec leſquels nous viuons.

Ceux qui ſont nais à l'honneur n'ont point de ſouhaits plus ardens, ne plus ordinaires, que de pouuoir ſacrifier leur vie pour le public.

HVMEVR.

LE deſdain eſt trop incompatible à mon humeur, pour croire iuſtes vos reprehenſions.

Mon ame eſtoit en peine de cognoiſtre voſtre humeur: mais mon iugement ne s'eſt point

point trompé en la creance qu'il en auoit.

Si voſtre humeur n'eſtoit ſi flatteuſe, vous ne diriez pas que i'euſſe le pouuoir de vous commander.

I'ay deçeu quelque eſpace de temps la lőgueur des iours par les propos plus aggreables à mon humeur.

HVMILITE'.

IE ne penſe point forfaire vers voſtre grandeur, de vous teſmoigner mon affection, par ceſte demonſtration d'humilité.

M

Ne vous offencez, ſi pour
teſmoigner mõ obeyſſance,
ie cerche dans l'humilité, ce
qui depend de mon deuoir.

Tout ce qui ſe peut imaginer d'humilité, ne ſeroit pas
aſſez humble, pour eſtre of-
fert aux ſubmiſſions, que
vous faites paroiſtre.

I'apporteray tant d'humi-
lité aux effects de mõ deuoir,
que vous ne pourrez remarquer en mes actions, qu'vn
affectionné deſir de vous
obeyr.

Ie vous preſente l'humilité
de mes vœux, le reſpect de
mon amour, la fidelité de

mon cœur, mes affections,
mon feruice, & le defir que
vous me nommiez voftre.

IALOVSIE.

IL eftoit efpris d'vne telle affection & ialoufie, qu'il ne
pouuoit prefque fouffrir fes
penfées, pour compagnes.

La crainte & la ialoufie font
tellement iointes à l'amour,
qu'ils ne marchent iamais
l'vn fans l'autre.

Il n'y a point de flammes fi
ardentes, qui ne s'efteignent
à la fin, fi elles ne font r'allumées par le feu de ialoufie.

M ij

Iamais homme ne veid la beauté de ceſte Dame, ſans reſſentir les pointes cuiſantes de la ialouſie, enuiant l'heur de ſon mary.

La ialouſie change l'amour en haine, le reſpect en deſdain, l'aſſeurance en deffiance.

Tout ainſi qu'il n'y a plaiſir qui ſe puiſſe eſgaller à la parfaite amitié de deux Amans, auſſi n'eſt il haine, ou inquietude qui puiſſe plus troubler leur eſprit que la iuſte ialouſie.

La ialouſie n'eſt qu'vne difference de ſoy meſme, &

vn tefmoignage de noftre peu de merite.

IEVNESSE.

C'Eftoit vn ieune arbre, dans lequel nature auoit enté toutes fortes de perfections.

Il eftoit cadet de moyens, mais aifné de vertu.

On le voit croiftre à veuë d'œil auec les lineamens fi beaux, qu'en iceux on peut aifémét apperceuoir qu'il doit poffeder les fuperbes qualitez, qui rendent les hommes admirables & dignes de por-

M iij

ter les armes glorieuſes de l'honneur & de la vertu.

Vn pere pour grand & puiſſant qu'il ſoit, ne peut ni trop toſt, ni trop ſouuent à eſleuer la Ieuneſſe de ſon enfant à la vertu.

Les mouuemens de la Ieuneſſe ont plus d'imprudence, que de malice.

Ce ieune enfant eſtoit auſſi agreable en ſon corps, qu'admirable en ſon eſprit.

Il eſtoit ieune d'aage, mais griſonnant d'entendement.

Iaçoit que ſon aage le diſpenſaſt du mariage, ſon eſprit, ſa beauté, & ſes merites,

ne le difpenfoient pas de l'a-
mour.

Il prend auec tant de grace
la methode qu'on luy donne,
qu'il affeure à fes maiftres vne
nouuelle efcolle, ayant efpui-
fé leurs fciences.

Commençaut fon cours
aux exercices des perfonnes
que fa condition doiuent fuiure, il commence à tefmoigner auec quel auantage il
doit exceller par deffus ceux
à qui le Ciel a fait voir le
monde, auant qu'il y eut fait
entrée.

La difcrette preuoyance
d'iceluy auoit en vn court

nombre d'annees, fi prudem-
ment employé le foin qu'elle
auoit mis en fon efprit, qu'à
l'aage de douze ans on euft
iugé à fa façon & à voir la
gentilleffe de fon efprit, qu'il
couuroit vne vingtaine de
printemps fous le voile de fa
Ieuneffe.

Tandis que fa ieuneffe eftoit
flexible, fon pere tafchoit à
façoner fon efprit au model-
le de fes defirs.

Afin que fes foibles ans, ne
fiffent interpreter mes loüanges pour flatterie, i'attendray
que fon aage donne plus de
couleur à mon dire.

Les ieunes gens doiuent auoir ces trois chofes, prudence en l'efprit, filence en la langue, & honte fur le vifage.

Il paffe fon tendre auril, à vne infinité d'honneftes occupations, & s'incline au merite de l'apparence de fa nourriture.

IGNORANCE.

C'Eft le propre des efprits que l'ignorance laiffe en friche, de ne rechercher iamais les principes des euenemens.

M v

L'impieté & l'ignorance se font assises en beaucoup d'endroits au throsne de saincteté.

L'ignorance m'est aussi commune, que l'honnesteté vous est familiere.

Il vaut mieux estre mendiant, qu'ignorant.

Les ignorans viuent vicieusement, la vie desquels est leur mort.

L'ignorance & abondance de beaucoup de paroles domine sur la pluspart des hommes.

INCONSTANCE.

I'Aduouë qu'il se trouue des hommes partisans de l'inconstance, mais vous ne verrez iamais que mes volontez en releuent.

Il n'y a loy tant fust elle seuere, qui puisse rendre ma foy esclaue sous les fers de l'inconstance.

Nostre vie est bien courte pour les grandes entreprises, mais nostre inconstance la rend encor plus courte.

Vous vous monstrez plus legere en vostre ressentimét, que moy volage en mon affection.

Il ne faut point eftimer vne
perfonne fidelle , qui pour
quelque occafion que ce foit
ceffe de l'eftre.

Les inconftans ordinaire-
ment pouffez de diuerfes efperances, laiffant emporter
leur vaiffeau à tous vents,&en
fin demeurans fans efpoir, ne
trouuent autre port qu'vne
continuelle tourmente.

Vn efprit qui n'a point de
termes d'amour , eft aifé à de-
ftourner & occuper d'obiets.

Son inconftance vne fois la
fepara de moy,& ma fermeté
l'en tiendra pour iamais fe-

parée.

Vous vſez de vos amis, comme des fleurs , qui ne plaiſent qu'alors qu'elles ſont nouuelles.

Il n'y a rien plus certain dans l'incertitude des choſes humaines , que leur reuolu-tion & la fin de leur eſtre.

Ie m'apperçoy que ceſte ardente affection , qui me ſouloit tenir ſi viuant en vos penſees, ne regne du tout plus en vous.

Puis que ce cœur volage, fils aiſné de l'inconſtance, vous eſmeut du vent de ſes diſcours, croyez que le meſ-

me vent emportera vn iour
voſtre amour auec vos eſperances.

Vos penſees ſont d'vne ſorte, vos paroles d'vne autre, &
vos affections d'vne autre.

L'incõſtáce eſt auiourd'huy
ſi familiere aux plus cõſtans,
que leurs delices plus glorieux ſont expoſez aux incõ-
ſtantes varietez du change.

Elle reſemble à la fortune,
on l'acquiert facilement,
mais on ne la peut retenir.

INFIDELITÉ.

S'Il ſe trouue des perfides, ie
ſuis releué de ce nom-

bre, & ma foy n'eft point née, pour eftre fubiette à cefte rouë.

L'infidelité de quelques vns, ne doit pas feruir de loy pour iuger tout le refte des autres.

Voftre amiable beauté ne me peut prefager d'infidelité.

C'eft fottife d'obferuer la foy à ceux qui n'en ont point.

Vous auez fermé vos infidelitez dans le champ de mes finceres affections m'offrant des vœux, qui eftoyent defia dediez à vn autre.

Le iugement eft trop ini-

que, qui pour vn petit nombre condamne vn general.

Voyez Reproches.

INGRATITVDE.

LEs grands feruices font
ordinairement recom-
penfez de grandes ingratitu-
des.

Les feruices paffez, ne font
confiderez s'ils ne côtinuent,
& rien n'enuieillit fi toft que
la grace & le bien fait.

Tant plus l'obligation eft
grande, plus l'ingratitude eft
execrable.

Penfez n'eftre moins in di-

gne d'estre surmonté de bien
faits par ses amis, que se laisser
suppediter d'iniures par ses
ennemis.

Les hommes sont si ingrats
qu'encores qu'ils ayent beaucoup reçeu, cela leur tient lieu
d'iniure quand ils ont peu receuoir d'auantage.

I'auois tousiours bien entendu, que ce n'estoit aymer
personne, que d'aymer vne
ingratte.

L'ingratitude de laquelle
vous vsez maintenãt en mon
endroit est si grande, qu'elle
vous oste la cognoissance de
toute verité.

C'eſt l'humeur des peuples, d'eſcrire ſur l'onde les biens qu'ils ont reçeu, & de grauer ſur l'airain les iniures qu'on leur a fait.

Ie ne me peux imaginer, que vous qui eſtes iuſte, puiſ-ſiez aymer vne ame plaine d'iniuſtice, & ſi meſcognoiſ-ſante de vos graces.

C'eſt vn regret inſenſible à vne belle ame, de viure ſous vn ſiecle ingrat de la vertu.

La cognoiſſance de voſtre ingratitude, a eſté l'ellebore, qui m'a purgé le cerueau.

L'ingratitude eſt d'autant plus infame que le ſuiet de

la recognoiſſance eſt plus honorable.

C'eſt vn malheur fatal aux ames amoureuſes, de r'encontrer le plus ſouuent dans le cours de leur fidelité, les embuſches de l'ingratitude.

Ie ſuis vn exemplaire de vertu ſans fortune, de loyauté ſans credit, de trauail ſans recompenſe.

Apres vne mauuaiſe moiſſon, il ne faut pas laiſſer de ſemer, auſſi ne doit on pas quitter les bons offices, pour vne ingratitude.

Iamais ie n'euſſe penſé que vous euſſiez payé vn fidelle a-

mour, par vne desloyalle ingratitude.

Iniures & Calomnies.

NOus contons aussi bien
pour iniure les peines
que nous n'attendons pas,
comme celles que nous n'a-
uons meritées.

Le moyen de veiller auec
les hommes insolens de leur
fortune, c'est de receuoir iniures & rendre graces.

Il y a quelquefois aussi
grand danger à venger vne
iniure, comme il y a de se ha-
zarder à la confesser.

L'imposture & la piperie
sont aussi vieilles que le monde.

La calomnie est si subtile,
qu'elle se fourre parmy les
plus innocentes actions.

Il y a des affrôts de person-
nes qui ne se doiuent pas seulement porter patiemment:
mais auec vne façon bien
contente , pource qu'ils les
vous feront derechef , s'ils
vous en pensent auoir fait.

L'assiduité des iniures est
l'escolle de la patience.

C'est bien souuent iniure
d'oüir ce que l'on fait voir.

La curiosité nuist, car il y a

des iniures beaucoup qui ne
nous touchent point, cestuy
là en reçoit le moins, qui en
ignore le plus.

La trop grande curiosité
fait quelquesfois donner des
interpretations iniurieuses, à
des paroles qui n'offencent
point.

On se doit donner de gar-
de des calomnies quoy que
fausses: pour ce que la pluspart
des hommes non capables de
verité, suiuent l'opinion.

Voyez vengeance.

INNOCENCE.

IE fondray les glaces de toute calomnie auec le Soleil
de mon innocence.

Vous voulez rendre mon
innocence capable de reproche, puis qu'elle ne l'a pas eſté
de preuoyance.

L'innocence n'a pas faute
de perſecuteurs.

Ne faignez point vne in-
nocence, là où eſt la faute.

Le ſens ne demeure pas tel
aux affligez, qu'ils auoyent
en proſperité.

L'innocence & le tort ſont
les deux plus puiſſans ſollici-

teurs de ceux qui sõt iniustement affligez.

L'innocent n'a que faire
de pardon, & le genereux ne
se doit esloigner de la mort,
quand elle se presente.

INTENTION.

MOn intention fort de
mes leures, ainsi qu'el-
le est conçeuë dedans mon
cœur.

Ie recognois aisément à
vos discours qu'elle peut
estre vostre intention.

Mon intention n'a iamais
contribué aux faux rapports
qu'on

qu'on vous a donnez à entendre.

C'est l'intention seule, qui
nous rend iustes ou coulpa-
bles.

Ce n'est pas le but de mes
intentions, qu'vn voile em-
prunté du filence, vous priue
de l'honneur qui vous est naturellement deu.

Auant que d'appofer le dernier fceau de voftre intention
en ceft affaire, vous m'en deuiez donner quelque co-
gnoiffance.

N

IOVYSSANCE.

L'Amour fans la iouyſſan-ce eſt vne mer morte & glacée, ſans laquelle ne regnent point les doux Zephirs, qui conduiſent au port des delices.

C'eſt vn tourment infernal, d'auoir vn bien deuant ſoy, & n'en oſer approcher.

L'orage de mon mal, ne ſe peut calmer que par la iouyſſance, de ce que mon cœur deſire.

La iouyſſance fait reuiure les affections languiſſantes, reſſuſciter les mortes, r'aieu-

nir celles qui s'estoyent en-
uieillies, fortifier celles que le
temps auoit affoiblies, im-
mortalizer celles qui estoyent
mortelles auparauant.

Si vous faites luire sur moy
ces vifs Soleils, qui esclairent
vostre visage, le iour de vos
beautez chassera loin tout ce
qui vous empesche de posse-
der parfaitement mon cœur.

La iouyssance, quelque
promptequ'elle soit, est tou-
iours trouuée tardiue de celuy
qui ayme, auec beaucoup d'ardeur & de zele.

L'amour est né pour la
iouyssance, & la iouyssance

pour l'amour.

Chacun eſt Roy en la pro-
pre ioüiſſance de ſes affectiós.

Il ne ſert rien d'eſleuer vn
arbre, ſi l'on ne iouyſt en ſai-
ſó de la douceur de ſes fruicts.

Vne vie ſans amour, & vne
amour ſans iouyſſance, ſont
deux pareilles morts.

I o v r.

Eſia l'Aurore ennüyee
des froides careſſes de
ſon mary griſon, eſtoit ſortie
de ſa couche pour tirer les rideaux de ce iour deſiré.

Le beau fils de Latone mon-

té fur fon char efclatant, auoit
emportant par tout la lumiere, porté leurs efperances iufques au point de l'heure at-
tenduë.

Le iour qui par vne humi-
de froideur, & par vn obfcur-
ciffement de Ciel , auoit ià
tefmoigné fa veuë , com-
mençoit à blanchir la cime
d'vn coftau.

La nuict retirant fes fom-
bres voiles, faifoit place au
iour.

Le Soleil commençoit à
fortir de l'Ocean , chaffant
par fes rais l'obfcurité noctur-
ne, & les oyfeaux emplumez

N iij

gazoüilloient à la venuë mille petites gaillardises.

Desia les oyseaux degour-
dissoyent leurs aisles, pour aller quester leur vie.

IVGEMENT.

IL ne peut que voftre beau
iugement ne vous aye tef-
moigné en mes actions, ce
que ie voudrois que mes feruices, vous euffent defia fait
cognoiftre.

Si elle eut l'efprit de choifir
vn parfait Amant, elle eut le
iugement de voiler fa flame
d'vn crefpe de difcretion.

Ie ne desire point que voftre iugement se trompe en ma faueur.

Chacun en son suiet, iuge fes accidens.

Ie crains que le iugement que vous faites de moy, ne soit pas reçeu, car il vient de l'amour que vous me portez, & cest amour est aueugle.

Il n'est pas raisonnable de former nos iugemens sur les euenemens & humeurs de quelques ames particulieres.

Ce que nous iugeons en la cause d'autruy, est tousiours plus iuste que ce que nous iugeons en la nostre.

N iiij

Employez ce rare iugemét,
qui vous guide par tout, pour
mesurer vos merites , & les
ayans recognus infinies, re-
cognoiſſez l'infinité de mon
amour.

Ne vous eſtonnez pas du
iugement que les autres ferót
de vos actions, mettez ſeulement peine qu'elles ſoyent
telles qu'elles doyuent.

Noſtre iugement peruerty
& corrompu eſt la ſource de
nos fautes.

LABEVR.

NE cerchons autre re-
compenſe de noſtre la-

beur, que la confcience d'a-
uoir bien fait.

Les peines font douces à
ceux qui conftituent leur repos à vn honnefte trauail.

Le trauail eft toufiours plus
violent à la recherche qu'à la
conferuation de ce que l'on
poffede.

Ce qui eft acquis auec
beaucoup de peine & de
fueur, a le gouft bien plus fa-
uoureux, que ce qui nous
vient fans trauail.

Affez trauaille pour foy,
qui trauaille pour autruy, en
fait du bien de l'ame.

Il faut trauailler noftre

N v

corps, pour vn peu de temps, afin d'obtenir vn repos eternel pour noſtre ame.

Ie n'eſtimeray iamais mes veilles mieux employées, que quand elles ſeruiront au contentement de ceux qui m'honorent de leur amitié.

Les choſes acquiſes auec plus de trauaux, ſont plus aymées.

I'ay eſté appris en l'Academie de l'aſſeurance, ie n'apprehende point la peine ni le trauail.

Voyez perte de temps.

Larmes & souspirs.

REceuez ces souspirs , &
ces larmes, les veritables
& ardens tesmoignages du
regret que i'ay de me voir
abandonné de vous.

La constance que ie m'e-
stois proposée , pour remede
à mes ennuis , s'est éuanouye
pour donner maintenant air
à mes plaintes.

Elle distilloit sa vie par ses
yeux, & se perdoit en la crainte qu'elle auoit de perdre celuy qu'elle auoit plus cher que
tous les biens du monde.

Plorer les choses qu'on ne

peut recouurer, naiſt pluſtoſt
d'vne folie ſuperfluë, que de
beaucoup de pitié.

Ma voix eſtoit priſonniere
en mon dueil, il n'y auoit que
mes ſanglots qui vſurpoyent
le deuoir de ma langue.

On ne peut aſſez eſpandre
des larmes ſur vne infortune,
quand il ſemble que toutes
les puiſſances ſuprémes con-
iurent ſa ruine, & non ſa fin.

Si vous cerchez le ſuiet de
ma plainte, vous le trouuerez
dedans vous meſmes.

En fin apres auoir encor
ietté quelques ſoulpirs, elle
ſouſpira ſa belle ame.

Les souspirs & les regrets ont occupé le lieu de mon repos.

Les larmes apres la mort, font de tardiues preuues d'amitié.

Ses pleurs couloyent auec ses paroles, & rien n'en pouuoit arrester le cours.

Mes larmes qui seruent d'amorce au feu qui me consomme en vous aymant, sont les veritables tesmoins de mon martyre.

Les souspirs & les sanglots, font les douces paroles des Amans affli. ez.

Cesser de pleurer ses amis,

ce n'eſt pas les oublier, car c'eſt
vne memoire trop courte que
celle qui ne dure qu'auec les
larmes.

Les ſouſpirs volent au Ciel,
& les larmes tombent en terre.

Vous ne ferez plus ſouſpirer
aux pitoyables les ſouſpirs de
noſtre infortune.

Ses ſouſpirs & ſes funebres
ſanglots monſtroyent le chemin de la ſortie à ſon ame.

Ie ne veux point ici faire vn
commerce de ſouſpirs, pour
les vendres à la pitié, & que
mes plaiſirs ſe baignent dedans les larmes.

Mes ſouſpirs ne ſont point

feints , ains extraits de la fub-
ftance de mes affections.

Les larmes que nous efpan-
dons pour nos amis , nous
meneront pluftoft à eux, qui
nous les rameneront.

Auec des foufpirs & vn filence eloquent , elle racon-
toit toutes les douleurs qu'elle fouffroit pour la perte de
fon cher Amant.

Peut eftre qu'vn iour mes
larmes amoliront le roc de
voftre rigueur.

Les larmes de leur mort
coulent encor des yeux de
leurs parens, les regrets en re-
fonnent chez leurs amis , &

la pitié eſt dans les ames des auditeurs de ceſte nouuelle.

Toutes ſes belles larmes, ayant eſté eſchauffées par les rayons de ſa beauté , bruſloyent tous ceux quis'en approchoyent.

LETTRES.

CEs lettres n'ont point d'autre ſecret deſſein, ſinon de vous induire à faire que vous entendiez de ma bouche, ce que vous voyez ici de ma main.

Receuez ceſte lettre , laquelle vous repreſentera fidellement, ce que ma voix ne vous peut faire entendre.

Asseurez mes foibles esperances par vn arrest fauorable, escrit de vostre belle main, & me donnez quelque tesmoignage, que ne me iugez indigne d'vne reciproque affection.

Ma vie se rendra à la mercy des cruelles mains de la Parque, si vostre souuenance ne me donne par quelqu'vn de vos escrits, vne faueur qui rendra vains tous les plus mortels accidents du monde.

Ie ne demande point tant d'estre escrit sur le papier,

comme en voſtre cœur.

Ce n'eſt pas preſomption que ceſte lettre, forcée de neceſſité & vaincuë de mes affectionnées prieres, ſi librement ſe hazarde.

Tout mon heur depend de vous, ces lettres en ſont des teſmoins irreprochables, eſcrites par mon martyre, qui en eſtant le ſuiet & l'autheur, s'eſt ſeruy de mes larmes, pour encre, & pour papier de la ſimple candeur de mon ame.

S'il vous plaiſt que ie viue, faites que voſtre belle main m'eſcriue, non vne lettre,

mais l'arreſt fauorable qui me
conſeruera.

S'il eſt vray (comme l'on
tient) que ce qui eſt rare fort
precieux , vos lettres me doyuent eſtre merueilleuſement
precieuſes , puis que ſi rarement i'en reçois.

Ceſte lettre vous repreſentera mon intention , & ce
que ma parole ne vous peut
faire ent endre.

Acceptez en mon lieu ceſte
lettre, & y remarquez en la li-
fant l'image de mes affectiõs.

Receuez celle ci , pour perpetuelle obligation de mon
ſeruice , & comme vn gage

bien affeuré de l'affection que
ie vous porte, & du iugement
que ie fay de vos merites.

Tous les efcrits que vous
auez de moy, font enfans de
fantafie,& non de volonté.

Le papier, meffager du filence,nous fera entreuoir.

C'eft le feul bien que la fortune m'a laiffé, pour me contenter, que de commettre en
voftre abfence au feul papier,
ce dont ie veux eftre l'vnique
& plus fidelle fecretaire.

LIBERALITE.

CE n'eft pas parfaite liberalité, fi tu donnes plus

pour occasion de vaine gloire, que de misericorde

D'autant plus que les hommes sont plus liberaux, d'autant plus ils semblent imiter les Dieux.

Les benefices reçeus par importunitez & requestes, perdent leur merite , & ne valent rien.

La vraye liberalité consiste à l'endroit des parens & amis.

Ce n'est point benefice de donner à celuy qui n'a point de necessité.

J'estime d'auantage ce don partant de vos mains

que de la liberalité d'vne autre.

Ie n'accepte point ce prefent, pour mon merite, mais
bien pour le refpect de la belle main qui me le prefente.

Toutes les vertus font ob-
fcurcies en vne grande ame, fi
la liberalité ne les efclaire.

LIBERTÉ.

IL vaut mieux viure libre,
fans peur, auec peu de chofe, que d'eftre en feruitude,
auec beaucoup de moyens.

La liberté d'vne belle ame
comme la voftre, ne peut

eftre captiuée dans les cachots
de l'inconftance.

Voftre liberté peut baftir
fa demeure fur la baze de la
plus parfaite beauté qui donne fur l'empire de la mort.

La vraye partie eft touf-
iours là où eft la liberté.

Voftre liberté n'eft obli-
gee qu'à vous-mefme, qui
pouuez difpofer de celle des
autres.

La vraye liberté, c'eft de
feruir à la raifon.

Lors que nous penfons
eftre en liberté, nous fommes
en feruage.

Ie renonce maintenant à ma

liberté, & sacrifie mes volontez aux pieds de voftre amour.

Receuez ce que m'auez
donné de voftre liberté, pour
vous en feruir en d'autres
amours que les noftres, vous
trouuerez quelque fuiet plus
digne que moy.

La liberté ne fe doit point
perdre, finon auec le fang.

Mon dueil m'a rauy la li-
berté, que vous croyez que
i'ay recouuerte.

Vous eftes le Ciel, qui tenez
ma liberté pour oftage de ma
foy.

I'ay l'ame fi genereufe, que
ie ne fçaurois voir ma liberté
affetuie,

asseruie, que sousle plus beau
suiet du monde.

LOVANGES.

IE ne pourrois, sans me rendre capable d'irreuerence,
parler autrement à vous qu'a-
uec vos loüanges.

Vous possedez tant de
loüables vertus, ou des parties
si vertueuses, que vostre memoire seruira de phare & de
methode à ceux qui viuent
durant la course de vostre
vie.

La vraye loüinge doit
prendre son origine de la Iu-

O

ſtice, de l'ame, & pureté de mœurs.

Vous excellez ceux qui dans noſtre ſiecle ſemblent auoir cogneu le trophée des plus ſignalées gloires du monde.

Il falloit apres luy auoir preſté l'oreille, pour l'enten-dre, luy donner la voix pour le loüer.

Il n'eſt pas au pouuoir de l'enuie, ni de la meſdiſance, d'eſtouffer ni d'eſteindre la clarté d'vne belle & genereu-ſe action.

La nature vous a renduë l'exemple de ſes liberalitez.

Pour les loüanges qu'il vous plaiſt m'attribuer, ce ſont les actions ordinaires d'vne ame parfaite, d'eſtimer qu'il n'y a rien imparfait.

Si ie vous louë peu, penſez que c'eſt pour peu ſçauoir.

Ie ſuis plus obligé de ces loüanges à voſtre courtoiſie, qu'à la verité.

La vertu a tellement guidé les actions de voſtre vie, que les loüanges en ſont ſacrées à l'eternité.

Ces loüanges ſont pluſtoſt filles de voſtre eloquence, que de la raiſon.

Elles naiſſent pluſtoſt de

mon deuoir, & de mon affection, que de mon bien dire.

Vous vous rendez admira-
ble aux qualitez de l'ame, qui
font mefmes defirées des plus
grands, pour fe faire cognoiftre plus digne de dignitez
que les autres.

La vertu n'eft qu'vn por-
traict, duquel vous portez le
vray patron au cœur, & vn
image dont le naturel n'eft
autre chofe que vous mefme.

Vos graces ne fe peuuent
comprendre qu'auec la mefme admiration, dont noftre
efprit void les plus fignalees
merueilles du monde.

Ceux là font ingrats & ignorans, qui en vous loüant n'admirent ce qui ne fe peut voir fans admiration, ny oüir dire fans merueille.

Voftre pieté vous fait loüer, voftre prudence obeir, voftre grauité refpecter, voftre douceur aymer, voftre vaillance admirer.

Iamais vous ne vous eftes efloigné des lieux où l'on fait exercice de l'honneur.

Le Ciel liberal de fes graces enuers vous, ne vous a pas tant fait naiftre pour vous mefme, que pour feruir d'efcole de vertu & de fageffe aux

ames , qui s'y voudront in-
ſtruire.

Il a ſurmonté l'eſperance
qu'on auoit de luy, encores
qu'elle fut bien grande.

Viure auec vous, c'eſt viure
en la compagnie de toutes les
graces.

Vous faites hommage de
vos vertus à la prudence & à
l'eloquence.

C'eſt vne faute auſſi lourde,
de taire des vrayes loüanges,
que d'en recercher de vaines
& menſongeres.

Le ſçauoir ſert de richeſſes
aux pauures, d'ornement aux
riches,& de ſoulagement aux

odieux.

Ce ne font pas mes opi-
nions qui vous gratifient,
mais c'eſt la verité qui m'o-
blige de croire de vous ce
qu'vn chacun admire.

voyez perfeċtion,
merites, vertu.

M A L.

IE ne reſſens point de mal
que le voſtre, car le mien
ſe pert dans ma conſtance.

On ne ſe ſoucie ordinairement du mal qui eſt loin, &
l'aprehenſion ne s'en eſmeut
qu'à meſure qu'il eſt proche.

O iiij

Il n'y a iamais ferrure ni
verroil, qui puiffe empefcher
le mal public d'entrer dans
les maifons priuées.

Le mal eft heureux, quand
il fe guerift auec plaifir.

Les mefchans n'amendent
iamais de voyager, car ils fe
portent toufiours auec eux.

Il n'y a point de mal, qui
ne foit accompagné de quelque bien.

Les paroles ne font pas fuf-
fifantes de pouuoir exprimer
vn mal infiny.

De deux maux, quand la
neceffité nous preffe, nous
deuons faire choix de celuy

qui auec foy traine moins de dommage.

Pren pour figne de ton bien le mal que tu endures.

Ceux qui fe plaifent en leur mal, n'ont point befoin de medecine.

Iamais le mal n'a faute de couuerture.

Mal reuient à l'homme de faire mal, en fe laiffant porter au vice & à fa paffion.

Quiconque ne pourra conceuoir mes maux, s'imagine le pourtrait racourcy de tous les tourmens de l'vniuers, à quoy ma vie femble eftre deftinee.

O v

Les maux font fi familiers
& effentiels à l'homme, que
lors qu'ils arriuent, il les doit
tenir chez foy, pour compagnons de fes iours.

Nous ne fommes iamais fi
fages dans nos plaifirs, qu'au
milieu de nos maux.

MALHEVR.

IE fuis fi peu fauorifé de
fortune, que quand elle
plouueroit des graces, & des
faueurs auffi efpoiffes que les
brouillats de l'hyuer, il n'en
tomberoit vne feule goutte
fur moy.

Les plus beaux deſſeins, qui
meſmes prennent leurs fondemens ſur les regles de l'honneur , ſont ordinairement
ceux qui ſeruent de butte aux
malheurs.

L'entendement s'en va
quand les malheurs arriuent.

Il vaudroit beaucoup mieux
n'eſtre point né , que d'eſtre
conté entre ceux qui ſont nés
pour la ruine publique.

Nous ne pouuons euiter les
malheurs , mais nous les pouuons bien meſpriſer.

Les malheurs n'arriuent
pas pour eſtre prophetiſez,
mais ils ſont prophetiſez,

pource qu'ils doyuent eftre.

Ie prie Dieu que mon mal-
heur ne vous foit iamais manifefte , afin qu'il ne vous
auançaft le refte des ans, que
vous auez encore à viure.

La fortune ne m'a rien
laiffé, que l'ame & l'efperance.

L'ombre de mes malheurs
en tout lieu m'accompagne.

Le Ciel fait naiftre tous les
iours nouuelles inuentions,
pour trauerfer mon contentement, & croiftre ma calamité.

Le gouffre de mes mal-
heurs eft vn cercle d'affli-

ction qui n'a fin qu'en son commencement.

La resolution auec les plus fermes effets de la constance se verroit abbatuë par l'effort de tant de malheurs & de disgraces, qui m'enuironnent.

Il n'y a rien plus asseuré en ce monde, sinon que toutes choses y sont mal asseurées.

Quand Dieu lasche la bride à nos malheurs, & permet qu'ils nous attaquent, la preuoyance humaine est inutile aux humaines.

Ie suis abandonné de tout le monde, fors de mes malheurs , qui ne me peuuent laiſſer.

Au deſeſpoir où ie ſuis i'eſtimeray mon ennemy tout homme qui me penſera conſoler.

Si le viſage eſtoit vn portrait du cœur, on verroit en moy la parfaite image de la douleur & du deſeſpoir.

Le malheur & l'enuie m'ont eſleu, pour ſeruir de retraite à tout ce qu'ils produiſent.

Il ſemble que la fortune ne trauaille à rien d'auantage qu'à deſauancer les hommes vertueux , & fauoriſer les ignorans.

On ne pourroit defcrire vn accident fi pitoyable que le papier n'en fut offencé par vne moite humeur, que la pitié tireroit des yeux.

De tous malheurs celuy eſt le plus miferable , qui ne fe peut oublier.

Les hommes commencent d'interpreter mes actions à mon defauantage.

Ou tourneray-ie le vol de cefte premiere efperance, qui me promettoit vne vie fi heureufe, & fi affeuree, au lieu de tant de morts rigoureufes,que me donnent maintenant voſtre refus.

Les ennuis font plus communs aux ames qui ont de la refiftance , pour quelque fuiet, qu'à celle qui fe laiffe vaincre au premier traict de la fortune.

Voguons vers les champs Elyfées, comme au port des bien-heureux , mes larmes feront mon Ocean , la conftance fera ma nacelle , mes defirs les rames, mes vœux les voiles, le Ciel fera ma clarté, & ce poignard courage de la douleur , fera le gouuernail que cefte main meurtriere conduira.

MARIAGE.

LA benediction du mariage procede de l'amitié, laquelle manquant, c'est pluftoftvne diuifion d'armes, qu'vne vnion de perfonnes.

Iaçoit que fon ame la difpensaft du mariage , fon efprit, fa beauté , & fes merites, ne la difpenfoient pas de l'amour.

Si ie fuis contrainte de l'efpoufer , vous me ferez apporter en douaire ma vie à la mort, & fortant des ceremonies nuptialles , i'entreray à mes honneurs funebres.

La force peut violenter mon corps, mais l'esprit sera exempt de ses violences.

Estre gouuerné de la femme, est tres grande iniure au mary.

Voyez vnion.

MEMOIRE.

NE faites pas ce tort à vostre fidelle, de le laisser couler de vostre memoire, & en appelleroit de vostre iugement à vostre bonté.

Ie n'ay point de memoire, pour me souuenir de vous.

N'oubliez pas celuy, qui

vous a continuellement en ſa memoire.

Conſeruez moy viuant en vos penſees , comme ie vous tiens au plus ſenſible lieu de mon ame.

Vous n'eſte pas moins vi-uante en ma memoire , que vos beautez & perfections le font en mon cœur.

Voyez Souuenance.

MERITES.

IL ſuffit ſeulement d'expo-ſer voſtre nom pour faire reuerer voſtre merite.

L'honneur que vous auez

merité , par tant de belles
actions , se partage entre
beaucoup de differentes vertus.

Ceste belle loüange , que
vous m'attribuez, procede de
vostre volonté , & non de
mon merite.

Là où est la peine, là est le
merite.

Ie ne sçaurois faire si grande chose, que ce ne soit trop
peu pour vos merites, & pour
mon desir.

Vostre merite me pousse à
vous aymer, mon humeur
me le promet, & mon con-
tentement veut que i'em-

ploye ma bonne volonté pour vous seruir.

C'est auoir beaucoup de merites, que d'estimer ceux qui en ont.

Vos merites ont si imperieusement commandé en ma souuenance, que vous auez eu part à toutes mes conceptions.

Vostre merite a autant d'aisles pour voler, que de qualitez pour estre reueré.

Vos merites, qui sont sans comparaison, peuuent asseruir plus glorieusement, qu'ils ne peuuent estre dignement seruis.

Ainsi que vous pouuez faire estat de meriter plus que personne du monde, i'ay assez d'entendement pour recognoistre ce merite, & assez de courage pour vne si belle & loüable ambition.

Mesdisances, voyez rapports.

MISERES.

LA bonne reputation est la premiere chose, qui laisse les miserables.

On n'est iamais si miserable, que quand on ne le pense plus estre.

Pensant encrer au haure

de salut, i'ay rencontré le miserable escueil, contre lequel s'est brisée la nef de mes esperances.

Vous obligez les miserables, vous exerçant au bien qu'ils ne vous peuuent rendre, pour faire reluire en la terre les graces que vous tenez du Ciel.

Il a perdu l'honneur, qui est le plus precieux heritage des pauures.

Ie m'asseurois bien, sans dire vne seule parole que mes miseres me faisoyent assez entendre au milieu de mon silence.

L'amour autheur de leur ruine, languiſſoit deſia ſous la foibleſſe de leurs eſperances, eſpouuentées de leurs miſeres.

Ainſi comme des orphelins miſerables, ils ſouſpiroyent leur condition, & prioyent la mort de cacher leurs vies, & leurs miſeres, dans le ſein de la terre.

On eſt bien accablé d'vne extremité trop extréme, lors qu'on ne peut rien eſperer.

Ces pauures infortunez, à demy viuans, & à demy logez ſous la ſepulture crioyent au Dieu de la compaſſion, de

ſe

se laisser vaincre à la pitié de leurs miseres.

Lors que le iugement fai-
soit faire place aux inquietudes trop violentes, ie me plai-
gnois dolentement de ma
miserable fortune.

MORT.

LA mort nous suit pas à
pas, & par mer, & par terre, elle s'embarque auec nous,
monte en croupe derriere
nous, & ne nous laisse non
plus que nostre ombre.

C'est la mort qui tranche
en vn moment le fil de nos

defirs, & rafle à l'impourueu
ce que nous auons tant de
peine d'amaffer.

Nous n'auons veftu cefte vie
caduque & mortelle que pour
payer le tribut & acquiter le
peage à l'entree de la vie immortelle.

Son ame qui humoit defia
le doux air des Cieux , atten-
doit que fon dernier foufpir
luy ouurift la porte.

Nous attendons tous les
iours la venuë de la mort, il y
a vne grande partie de fon
chemin fait, car tout ce qui
s'eft paffé de noftre vie , la
mort le poffede.

Les Monarques, qui font les Dieux de la terre, contribuent auſſi bien à la tombe, que leurs ſuiets.

La mort & les honneurs font tous meſcognoiſtre.

Il nous eſt allé attendre deuant, au ſeiour preparé pour les belles & pures ames.

Ie ſuis ſommé de mon deſtin, en la fleur de mes ans, d'effectuer ce que mon premier iour à promis de payer en mon acquit à la nature.

La mort nous acquite de toutes nos obligations.

La mort n'eſt point vn mal, mais la fin de tous maux

à qui elle arriue.

Craindre la mort, c'est l'appeller, car la crainte de la mort, c'est vne mort perpetuelle.

Nous mourons tous, & à mesure que nous croissons nostre vie decroist.

La mort n'est redoutable, sinon à ceux que le peché tyrannise sous son ioug.

C'est vn arrest signifié au genre humain, qu'il faut mourir & rendre la vie à celuy qui nous l'a presté.

La mort les a fait ioüer en l'Auril de leurs ans le dernier acte de leur vie.

Il a passé par les portes de la mort, auant que d'auoir fait la moitié du chemin de sa vie.

Le iour mesme que nous passons, nous le diuisons auec la mort.

La mort a cueilly en elle la plus belle fleur, qui fut iamais plantee au iardin de l'vniuers.

Pour ne craindre point la mort, il y faut tousiours penser.

Nous ne sçauons ou la mort nous attend, C'est pourquoy il la faut attendre par tout.

Le continuel ouurage de

P iij

noftre vie, c'eft baftir la mort.

Les efperances du Ciel font certaines, & celles de la terre font flatteufes.

Tous les iours de noftre vie tendent à la mort, mais le dernier y arriue.

La longueur de la vie eft liee à la condition des mœurs, & non à la quantité des années.

La parque les inuita generallement au feftin mortuaire de fes funebres nopces.

Toute mort eft heureufe, qui nous met en repos.

Nous fommes naiz pour mourir, & n'auons rien en

nous qui puisse vaincre ceste necessité.

Cômençant à naistre, nous commençons à mourir.

Personne n'est releué deuât la mort, pour estre mineur.

La mort est douce quand c'est la fin, & non pas la punition de la vie.

Nostre vie ayant parfait son cours terrestre, se disparoist de l'horison des hommes, pour se monstrer en celuy des Anges, où estant entrée en vn Orient eternel, sa clarté ne se cache iamais.

Celuy ne meurt pas, qui ne meurt que du corps, & qui

dans les murs & ruines de sa
vie, eternise, rebaſtit, & re-
nouuelle son nom, son honneur, & sa memoire.

Le vray vſage de la mort, eſt
de mettre fin à nos miſeres.

La mort n'a rien d'effroya-
ble de ſoy, non plus que la
naiſſance.

La principale partie de la
mort, conſiſte en ce que nous
auons veſcu.

La mort conduiſt bien toſt
les vns à l'ombre en repos, &
laiſſe aller les autres en chemin au trauail.

Propoſons nous, quand la
mort nous ſera faſcheuſe

qu'elle n'eft point mort , ains pluftoft commencement de vie.

Bien heureux font ceux là, qui cognoiffent le Ciel premier que le monde.

La mort nous rauit à nous mefmes , & nous defrobe au monde.

Le plus grád bien de l'homme, c'eft de bien mourir.

La mort n'arriue iamais trop toft , fi elle vient auec l'honneur.

Ie n'attens plus que l'heure, que i'entéde battre aux cháps afin de trouffer bagage.

Ie n'ay herité que de la

P v

douleur de la mort.

La mort frappant à la porte de fa vie, fon efprit fe fouf-
leue, & leue fes diuines aifles,
pour prendre fon vol vers fa
patrie.

Le trefpas ne nous fert que
de planche pour paffer à l'E-
ternité des bien heureux.

Nous fommes comme la
fueille d'Automne, ores pen-
duë en l'arbre, & tantoft
couchée par terre.

Noftre vie attachée à vn
foible filet, pend au bord de
nos leures.

NAISTRE.

IE ne venois que d'eftre mis
fur le meftier, à peine eftoit
ourdie la trame de ma vie, &
l'ouurier met le cizeau dedans.

Ce qui naift çà bas foit és
fuiets animez, ou autres, re-
tourne à fon origine.

C'eft le Ciel, qui eft le vray
& commun pays, d'où nous
auons tiré noftre origine.

C'eft faire tort à l'homme,
qui eft né pour tout voir, &
tout cognoiftre, de l'attacher
en vn endroit de la terre.

Ie benis le Ciel d'auoir à

noftre naiffance marié nos deftinees, & fatalement touché nos cœurs d'vn mefme defir.

Le Ciel m'a fait naiftre fous vne conftellation, contraire à mon bien, & fauorable à mon malheur.

Les chofes imparfaites ne naiffent iamais, ou fort rarement, des chofes accomplies.

Mes cendres ne rougiront iamais, pour auoir commis en ma vie acte indigne de ma naiffance.

NATVRE.

Pprenons à cercher sans
passion, ce que la nature
desire, & nous trouuerons que
la fortune ne nous en seroit
priuer.

La nature à mis le magazin
du bien en nostre esprit, portons y la main de nostre volonté, & nous en prendrons
telle part que nous vou-
drons.

Le long vsage se conuertist
en nature, & ce qui nous est
naturel, ne se peut pas aisément changer.

Il y a bien de la difficulté

de contrefaire ce qui eſt diuers au naturel.

C'eſt vne choſe naturelle que d'aymer, & l'amitié eſt loüable ou blaſme, ſelon l'intention de celuy qui ayme.

Il n'y a plus de remede au mal, quand ce qui eſtoit vice eſt paſſé en nature.

La nature ne permet iamais que les grands maux ſeroyent durables.

En quelque part où nous allions, nous portons quand & nous nos diſpoſitions, & nos habitudes.

NECESSITE'.

LA necessité est la plus forte de toutes les choses du monde, car elle surmonte tout.

Il n'y a point de necessité à vne chose, qui n'est point forcée.

Nulle loy ne peut punir la necessité, d'autant qu'elle n'en a point.

C'est vne grande peine de viure en necessité, mais il n'y a nulle necessité d'y viure.

Tout ce qui est fait par necessité est seruitude.

La necessité est la plus im-

portune de toutes les maladies.

Nous trouuerions les cho-
ses necessaires , si nous ne
cerchons les superfluës.

Heureuse est la necessité,
qui nous contraint à choses
bonnes.

Il n'y a rien plus insuppor-
table, que la delicatesse à vn
homme necessiteux.

Les loix de necessité sont
plus puissantes que celles des
hommes.

I'ay passé plusieurs iours en
des necessitez plus aisees à
plaindre qu'à supporter.

Nous ne sçaurions fuir les

necessitez, mais bien les surmonter.

La necessité est le grand de
l'infirmité des hommes.

NOBLESSE.

LA vraye noblesse despend
de vertu, & toutes les autres choses sont de fortune.

Il y a mesme difference entre la vertu & la Noblesse,
qu'entre la lumiere & la splé-
deur, l'vn esclaire de soy, &
l'autre par emprunt.

La noblesse du sang d'au-
truy, ne te fait point noble, si
tune l'acquiers de toy-mesme.

Le noble cœur a ceſte proprieté, qu'il ſe meut à choſes
honneſtes, & ne void on iamais aucun de haut eſprit, qui
ſe plaiſe à choſes baſſes & deſ-
honneſtes.

Ie ne recognois point de
plus parfaite nobleſſe que la
vertu, & repute toutes autres
choſes vanitez, & ſœurs de la
fortune.

L'eſprit ſeul qui nous guide
à entreprendre quelque choſe, pour noſtre auancement,
nous acquiert vne nobleſſe
dignement meritee.

NOVVELLES.

IE recgnoy bien par ces triftes nouuelles, que ce que nous cerchons à coup de rame, s'enfuit deuât nous à voile defployée.

Cefte nouuelle trauaille mes conceptions, & eftouffe ma parole.

La plus douce nourriture de mon efprit eft, de pouuoir entendre de vos nouuelles.

I'ouure volontiers mon cœur aux nouuelles de ma fin, puifque ce font celles de ma felicité.

Les Amants font ordinai-

rement de telle nature, qu'ils
adiouftent pluftoft foy aux
mauuaifes nouuelles, qu'aux
bonnes.

Nvict.

LEs ombres de la nuict
commençoient à cer-
cher les beautez de la terre, &
par l'efloignement des rayons
du Soleil, les aftres moins lui-
fans faifoyent defia remarquer leurs clartez emprun-
tées.

Les noirs rideaux de la nuict
tirez, auoient tiré tous les
hommes au fommeil.

Le Soleil defia foible de lumiere, fe couchant fous la terre, nous oftoit la derniere partie du iour, pour nous rendre la premiere de la nuict.

La nuict auoit defia bien auec fon voile obfcurci, couuert la terre de tenebres.

La nuict iouyffant de fes priuileges, auoit retiré les humains de leur trauail, & impofé filence à toutes les creatures.

La nuict commençoit peu à peu à s'efpandre fur la terre, en couurant auec vn feul voile de fes tenebres tous les differens vifages, & les dif-

semblables apparences d'icy
bas.

Toutes chofes rendoyent
au repos couftumier , permis
en fes licences nocturnes.

L'air calme & ferain , pour
iouyr d'vne paix agreable,
auoit partout reçeu le filence paifible, pere du repos.

Le fomme oublieux tenoit
encor mes paupieres char-
mées de la douceur de fon
pauot.

Chacun fe retiroit , pour
prendre le repos , que les tenebres préfentent pour le fou-
lagement de nature.

La moiteur fe preparoit,

pour s'amaſſer ſur les fueilles,
les oyſeaux s'accómodoyent
auec le ſilence, ayant pris le
couuert aux bois prochains.

N v i r e.

LE propre de la vie eſt de
chaſſer ce qui luy nuiſt.

C'eſt le fait d'vn homme
ſage, de ne nuire à perſonne,
encores qu'il en euſt bien le
pouuoir.

L'homme qui obeiſt à na-
ture, ne nuiſt à perſonne.

La mort mettra fin à tout ce
que vous ſçauriez inuenter
pour me nuire.

OBEIR.

LE temps vous apprendra mieux mon obeiſſance, que mes paroles ne le vous peuuent perſuader.

Ie ne puis, ni ne dois commander à celuy auquel ie ſuis tenu d'obeir.

Souuenez vous de vos merites, & vous n'oublierez pas mon obeiſſance.

Nul n'eſt capable de commander autruy , qui ne ſçait obeir à la raiſon.

Si la reſolution de vos vœux eſt auſſi naifue que vos paroles ſont honorables : mon obeiſ-

obeiſſance proteſte dés à ceſte heure ſuiure les loix de vos
deſirs ſous la guide de l'honneur.

La fin de l'obeiſſance eſt le
periode du commandement.

Si ie ne vous ay obey par
effet, ie ne vous ay iamais de-
ſobey auec l'intention & la
volonté.

Voulez vous pluſtoſt obeyr
à voſtre courtoiſie, qu'à voſtre iugement?

Obeir volontairement, c'eſt
oſter ce qu'il y a de cruel en la
ſeruitude.

Donnez moy vos com-
mandemens pour exercer

Q

mon obeiſſance.

Ie n'auray durant mes iours aucune volonté, qui n'obeiſſe à la voſtre.

Celuy obeiſt à regret aux loix d'autruy, qui ne peut obeir aux ſiennes.

I'eſſayeray par toutes ſortes d'obeiſſance, à me rendre digne d'vn bien, que ie ne puis meriter autrement.

Vous ſçauez la puiſſance, que vous auez ſur moy, & que ie ſuis autant voſtre, que vous le pourriez ſouhaitter.

Ie deſire en ce ſuiet, & en tout autre, vous faire paroiſtre toute l'humble obeiſſance, qui fe peut imaginer pour vous rendre content.

N'eftant né que pour vous obeir, ie reçoy vn extréme gloire, que mon obeiffance vous apporte le contentemét que vous defirez.

OBLIGATION.

OV il n'y a point d'obli-gation, il n'y a point de deuoir.

Aucune dame ne tient mon ame obligée, outre le deuoir vniuerfel, que vous feule, que ie defire feruir.

Celuy qui s'acquite de fon

deuoir, ne s'oblige à personne.

Ie vous offre de garder la souuenance de ceste obligation eternellement viue en ma memoire.

Manquer à ce que ie vous doy, ce seroit faillir à ce que i'ay promis à ma constance.

Cela m'oblige à le recognoistre, & fait naistre des desirs, pour m'en acquiter.

Les hommes ne sont obligez à donner, ni demander plus que le possible.

Ceste obligation est trop grande pour ma puissance.

Ie vous serois plus obligé,

ſi au lieu de loüer le merite,
que vous feignez en moy,
vous vouliez croire l'affection
que i'ay pour vous.

OCCASION.

Rien ne peut tant à faire
bien reüſſir ce que nous
entreprenons, que l'occaſion.

C'eſt vne grande perte és
grandes affaires que le temps:
car les plus beaux ſuiets dependent des occaſions.

Vous aurez chere l'occaſion
qui s'offre aux ſouhaits de nos
reciproques deſirs.

Si à l'occaſion bien priſe,

vous adiouftez encor la diligence, rarement manquerez
vous de bon fuccez.

Noftre nonchalance fait
demeurer derriere nous : les
plus belles occafions, auec nos
plus douces annees.

Il eft bien feant faire voir
& demonftrer la vertu qu'on
a en foy mefme, toutesfois
que l'occafion fe prefente.

Tant plus vous mettez la
main promptement en vne
affaire, d'autant moins depen-
dez vous d'vne chofe incertaine, qui eft le lendemain.

Souuenez vous que les oc-
cafions font emplumées, &

qu'elles difparoiffent, prefque
en fe monftrant, ne laiffant
bien fouuent que le defefpoir
à ceux qui ne les ont fçeu
prendre, quand elles fe font
prefentees.

Offences.

CEluy reçoit plus de hon-
te, qui fe veut excufer aux
defpens de l'hôneur d'autruy,
que s'il côfeffoit franchement
fon offence.

L'offence qui eft plus grande que le feruice, change l'o-
bligation de la recompenfe
en punition.

Les dignitez aggrauent l'offence ſur celuy qui eſt plus obligé de n'offencer.

La foy qui rend mes paroles iuſtes, ne peut offencer celle que i'ay promiſe à vos merites.

Perſonne ne trouue les offences petites qui luy ſont faites.

Les aduertiſſemens trop libres, ne ſont pas corrections, mais offences.

Lors qu'vn ſuiet cheriſt vne ſeconde perſonne, il offence la premiere.

Vous auez intereſſé ma perſonne, & non ma reputation.

Voſtre reputation ne peut
eſtre offencée par les effets de
mes pretenſions , leſquelles
n'ont iamais eu pour phare
que la vertu,&pour guide que
l'honneur.

Qui offence à tort, donne
occaſion d'eſtre offencé auec
raiſon.

Offrir & preſenter ſeruice.

TOut ce qui eſt mien n'eſt
moins voſtre que ſont
vos penſées & vos paroles.

Vous eſtes la premiere à
qui mes affection ſont offer-
Q v

tes , & ferez , s'il vous plaiſt la
derniere, qui en aurez la poſſeſſion..

Vos merites immortels ſe
font acquis ſur mon ame vne
poſſeſſion pareille.

Ayez ma deuotion agrea-
ble , & la reglant par telles
loix qu'il vous plaira, retirez
en quand & quand toutes les
preuues que ie vous en pourrois donner.

Mon obeiſſance proſter-
nee aux rayons de vos parfaites beautez, iure viure parmy
la vie immortelle , pour rendre ſes deuotions ſemblables
à voſtre merite..

Tout l'honneur & l'ambi-
tion où i'aſpire n'eſt que de
me voir employé à voſtre ſeruice.

Permettez que vous ſer-
ue, & ſans auoir merité ceſt
honneur ayez pour agreable
le tourment de celuy, qui ne
vit que de voſtre ſeul ſouuenir.

Voſtre beauté toute ſeule,
vous peut teſmoigner l'affection que ie vous porte.

Toutes les puiſſances de mó
ame ne ſont guidées que du
reſpect de voſtre ſeruice.

Le plus fauorable don que
me puiſſiez offrir, c'eſt voſtre

amitié, laquelle ie prefere à
tous autres threfors.

Receuez autant agreable
ma deuotion & fidelité, pour
feruice, que i'obferueray vos
commandemens pour faueur.

Il faut croire qu'il n'y a rien
de plus durable au monde,
que les heureufes loix du deftin, qui veut que ie vous ayme & refpecte fur toute autre.

Accordez vous auec le de-
ftin, qui veut que ie fois eternellement voftre.

Soyez auffi defireufe de mon
contentement, que ie le fuis
de voftre feruice.

Ie vous prefente l'humilité

de mes vœux, le respect de mon amour, la fidelité de mõ cœur , mes affections , mon seruice, auec le desir que vous me nommiez eternellement voftre.

Tenez pour entier, le sacrifice d'vn cœur fans fard, que i'immole aux pieds de vos commandemens.

Mes affections & ma vie ne tiennent pour souuerain bon heur , que la refolution de mon ame, à ne receuoir iamais autre obiect que le voftre.

Cela fe loge mieux en l'ame , qu'il ne fe peut defcouurir & exprimer au papier.

Ie ne suis point si volontaire, à vous offrir mon seruice, que ie ne sois encor plus disposé à le vous rendre.

Receuez s'il vous plaist, belle & diuine beauté, toutes ces asseuráces de mon amour, afin que le Ciel les guide en vn port de contentement & de bon heur.

Ie me tiendray tousiours bien heureux de pouuoir faire quelque chose, qui donne du repos à voftre esprit.

Honorez moy tant qu'auec voftre consentement, ie me puisse dire voftre tres humble seruiteur.

Disposez vos commande-
mens au but de mes souhaits,
qui sont de m'eterniser le plus
fidelle organe de vos volontez.

Si ce qui est en ma puissance, & sous la charge de mon
honneur, se peut conuertir en
la recognoissance de vostre
courtoisie, disposez en, afin
que l'ingratitude, ne gaigne le
deuant en ma bonne volonté.

Ie suis tellement dedié à
vostre seruice, que la verité
manquera plustost aux or-
donnances du Ciel, qu'en ceste mienne resolution.

OPINION.

VOus auez conçeu vne nouuelle opinion en voftre efprit, au preiudice de ma fidelité, & au regard de mon efperance.

Vous m'accufez plus par o-pinion, que par tefmoignage.

Nous fommes ordinaire-ment plus malades par opi-nion que par effets : Car il y a plus de chofes qui nous eſton-nent, que qui nous offencent.

Mes opinions ont pris la loy des apparences de voftre infidelité.

L'vtilité mefure les chofes

neceſſaires, & l'opinion les
ſuperfluës.

Si vous viuez ſelon la nature, vous ne ſerez iamais pauure, mais ſi vous viuez ſelon
l'opinion, vous ne ſerez iamais riche.

Quiconque s'eſtime heu-
reux, & qui n'a que l'opinion
de ce bon heur pour obiet, ſe
trompe.

La pluſpart des biens & des
maux que nous auons, depend
plus de l'opinion, que de la
choſe meſme.

Les opinions que nous pre-
nons à la premiere veuë s'im-
priment de là en auant ſi fort

en noſtre entendement, qu'il
eſt bien malaiſé de les effacer.

L'opinion augmente no-
ſtre mal, & noſtre apprehenſion le rend plus vehement.

Celuy qui ayme la loüange
& l'oſtentation, quitte l'o-
beiſſance de la raiſon, pour
ſuiure celle de l'opinion.

Comme les chemins ſont fi-
nis, & les deſtours infinis, ainſi
les appetits de la nature ſont
limitez, mais ceux de la nature
n'ont point de bornes.

Vous ne pouuez frauder
mon opinion, qu'à ſon preiudice, & à mon dommage.

Mes opiniõs n'offenceront voſtre eſpoir, tant qu'il me reſtera quelque ſouuenir de l'obligation que ie vous ay.

OVBLIER.

MOn naturel ne me peut permettre d'oublier ce que i'ay tenu plus cher & plus precieux que ma propre vie.

Ie vous prie de n'oublier celuy qui ne reſpire par ſes ſouſpirs, que dans l'air de vos deſirs plus fidelles.

Vous auez laiſſé tomber la fleur de noſtre amitié, dans

l'eſpine de l'oubly.

Iamais ma memoire ne receura d'autre impreſſion, au preiudice de mon amour.

Les caracteres de voſtre ſouuenance, ſont ſi profondement burinez en mon ame, qu'ils ne ſe peuuent effacer, ſans oſter la piece.

I'ay touſiours eu vne ſecrette peur que vous m'oublieriez, & que tant plus le temps auantageroit voſtre iugemér, d'autant plus reꞔuilleriez vous mon eſperance.

Il faut enſeuelir dans vne eternelle oubliance, les choſes, dont la memoire ne peut

faire que des nouuelles blef-
fures à l'ame.

Ce feroit vn erreur de croire que toutes les grandeurs du
monde me fçeuffent bannir
le fouuenir d'vn cœur que
i'ayme tant que le voftre.

Ie ne fus pas fi toft efloigné
de vous, que ie ne fuffe auffi
bien hors de voftre fouuenance, que de voftre veuë.

PAIX.

DEfia la France prenoit
haleine fous le relafche
des armes, & ce grand Roy
qui y prefide, auoit accordé

la paix à ses voisins, pour la procurer à son peuple.

La félicité d'vn estat, si mesuré par les années de la paix, plus de temps il demeure paisible, plus de temps il est heureux.

La nourriciere Ceres caressee & asseuree en nos campagnes, nous monstroit desia sa perruque blonde, & ne redoutoit plus d'estre foulee des enfans de Bellonne.

La chaste Diane reposoit en liberté sur les ombrages des bois.

Maintenant les effets de la paix nous halenent des aisles

de leurs doux Zephirs.

Il n'y a rien qui tant maintienne les grands Princes en paix, que leur puiſſance & egalité de forces.

L'vnion des Citoyens eſt plus neceſſaire à la cité, que la magnificence des edificces.

───────────────

PARDONNER.

MOn honneur vous pardonne l'offence de vos fragilitez, en faueur de voſtre repentir.

Si les grandes fautes, commiſes par inimitié, ſont dignes de pardon, que doit-il

eftre de celles qui font cau-
fées par trop d'abondance
d'amour?

Vos merites meriteront
d'auantage , tant plus vous
acquerrez de triomphes à voftre clemence.

Le Prince qui veut beau-
coup fçauoir, il faut qu'il pardonne beaucoup.

C'eft vne plus gracieufe façon de pardonner , que de
vouloir ignorer les offences.

Ce qui fe commet par
ignorance, eft pardonnable,
& le regret en doit eftre ou-
blié.

Ceux là pechent enuers
tout

tout le monde, qui ne sçauent pardonner qu'à eux mesmes.

C'est aux grands courages d'excuser les grandes fautes.

Faites, ie vous supplie ceste force à vostre volonté, & m'accordez vne grace, que ie vous demande à genoux, comme à celuy qui tient en ses mains, ma mort & ma vie.

L'offence & le pardon ne peuuent partir d'vn mesme lieu.

Ne faites point que les tenebres me viennent, d'où i'attens la lumiere.

Il est bon de pardonner à ceux qui ont coniuré vostre

R

mort, pource qu'eſtans deſ-
couuers, ils ne peuuent plus
nuire à voſtre vie, & qu'eſtans
ſauuez, ils peuuent ſeruir à voſtre reputation.

La plus belle partie de la
vengeance, eſt de pouuoir
pardonner.

Il n'y a rien certainement ſi
honorable en ce môde, (meſme à l'opinion des Payens)
que de ſçauoir pardonner.

Que vous ſeruiroit voſtre
douceur & humanité, ſi iamais
il ne s'offroit occaſion d'en
faire preuue?

Ie ne veux point que la ma-
lignité de voſtre ame empire

la bonté de la mienne.

Les braues vainqueurs re-
çoyuent plus de loüange en se
monstrans pitoyables apres
la victoire, qu'en la victoire
mesmes.

Les hommes prins à mercy,
font assiduels spectacles de la
vertu d'autruy.

Ce que la passion trop violente fait executer, est pardonnable.

C'est vn beau trophée que
de se vaincre soy mesme, &
pardonner plustost que de se
venger.

Voyez repentir, parler,
voyez silence.

PASSIONS.

Vluez fans paffion , vous qui n'en aueziamais efté attaints,&defquels la douleur d'autruy , comme peinture vaine, n'efmeut point la pen-fee.

Les paffions fufcitées par les obiets exterieurs, font plus violentes que celles qui naiffent au dedans.

C'eft foibleffe d'efprit, que d'auoir des mouuemens trop violens, comme s'eft foibleffe aux enfans & aux vieillards, de ce que quand ils veulent cheminer ils courent.

Nos sens humains ont cela que tout aussi tost que quelque passion les occupe, la raison est esclaue de la fantasie.

La cause de mes passions amoureuses, vous est manifeste, par vostre beauté.

Les cœurs qui ayment auec passió, sont suiets à beaucoup d'euenemens.

Il n'y a point de prise sur les volontez des hommes, que leurs passions.

La seule passion qui possede vostre ame aueuglant vostre cognoissance, vous interdit le bien que cè change peut apporter.

Comme les aiſles ne ſer-
uent de rien aux oyſeaux,
eſtans pris par les pieds , ainſi
noſtre raiſon eſt inutile, quãd
nos paſſions nous comman-
dent.

Il eſt impoſſible que nous ne
ſoyons poſſedez de quelque
paſſion durant la fureur de
noſtre ieuneſſe.

Mon cœur n'a pour toutes
ſes penſées rien que vos beautez, dont le ſeul ſouuenir parmy tant de triſteſſes , qui me
rongent de tous coſtez , donne la vie à la cruelle mort qui
m'accompagne.

I'ay eſté forcé d'vne telle

vio'ence , de vous declarer
mes paffions , que l'effet ni
l'effort , ne s'en peut fi bien
dire,que fentir :finon de ceux
qui font en pareille recerche.

Ceux qui prennent leurs
paffions pour compagnes, les
ont quelquefois pour mai-
ftreffes.

N'auoir point de paffions,
c'eft le propre d'vne befte, &
ne les regir pas , c'eft n'eftre
point homme.

PAVVRETE'.

CEluy ne fe peut douloir
d'aucune perte, qui n'a
R iiij

rien ſuiet au naufrage.

Vne pauureté volontaire, eſt vne eſpece de grandeur à l'ame.

Eſtre pauure par nature,ne fait point de honte,mais l'on a en haine de voir aucun pauure par meſchante occaſion.

Il n'y a aucun accident en noſtre vie plus miſerable que la pauureté, car pour bon & iuſte que ſoit vn homme, eſtant pauure on ne fait aucun eſtat de luy.

Nous loüions celuy qui ſupporte l'indigence , auec patience , & la maladie, auec conſtance.

La pauureté a cela de loüable, c'est qu'elle vous fait recognoistre ceux qui nous ont aimez.

Si tu ne desires pas beaucoup, le peu te semblera tousiours assez.

Ie ne laisseray pour toute richesse à mes parens, que la memoire de mon nom.

La pauureté n'est point excuse receuable, pour nous faire faire chose meschante.

Le meilleur employ que nous puissions faire de nos biens, c'est de les mettre à la banque de Dieu.

La pauureté a pour le moins

R v

ce bon heur, qu'elle n'a point de peur de tomber d'vn haut eſtat à vn bas.

C'eſt vne grand' miſere de naiſtre pauure, mais encor elle eſt plus grande d'y enuieillir, comme font pluſieurs.

La main du pauure, eſt la bourſe de Dieu, ſi nous auons à acheter quelque choſe de luy, il faut mettre là noſtre argent.

Celuy n'eſt pas pauure, qui poſſede peu de bien, mais qui beaucoup en deſire.

Ceux que la pauureté rend ſupportables, ce ſont ſerpens engourdis de froid, que l'on

peut manier fans danger: mais
auffi toft que lesmoyens ef-
chauffent leur ambition, ils
font pires que les autres.

Peché, voyez faut?.

PENSEE.

Rien n'entre en ma pen-
fee, que voftre feule image, vnique & ordinaire, ho-
fteffe de mon cœur, qui ne
refpire, ni ne foufpire que
pour vous.

Ie porteray toufiours voftre
image grauée au cœur, ainfi
qu'en la penfée.

Pour trop penfer en vous,

ie m'oublie moy mefme, &
n'ay point de memoire de
moy, finon quand la douleur
m'en fait fouuenir.

Mon imagination co-
ftoyoit vn heureux riuage,
& les flots de mon incertitude l'agitoyent de tous co-
ftez.

Ce n'eft point eftre feul, que
de vous mettre & configner
en la compagnie de mes plus
belles penfées.

Mes penfées font en vous
attachées, au feruice, à l'honneur , & à la contemplation
des diuines vertus de voftre
ame.

En toutes choſes faut voir
& penſer , pluſtoſt que s'y
embarquer, quelle en ſera la
fin.

Tournons nos penſées vers
le Ciel , où noſtre principal
intereſt repoſe, & le coniu-
rons de nous ouurir ſes portes.

Mes penſées ne receuront
doreſnauant autre loy que de
vos yeux.

Peril, voyez hazard.

PERFECTIONS.

VOſtre perfection ſe peut
pluſtoſt imaginer que

croire, desirer, qu'esperer, en-
uier, qu'aquerir.

Le superflu de vos perfe-
ctions, repare le defaut des
miennes.

Si l'on vit iamais vne perfection parfaitement belle, on
ne peut dire voir en vous seule
l'vnité de tout ce qui est de
plus parfait au monde.

Ce seroit aspirer à l'impossible, de penser naifuement
representer vne perfection
telle que la vostre, auec la
grandeur de son merite, par
l'effet de l'art ou de la parole.

Ie prie le Ciel qu'il vous
rende autant de perfections

de bien, que vous estes parfaite en toutes vos actions.

Si l'art m'auoit appris à bien
representer les perfections de
la nature, ie taſcherois de donner aux mortels le portraict de
vos vertus.

On void en vous toutes
fortes de perfections, qui ſe
peuuent acquerir par art &
par induſtrie.

Plus les choſes parfaites ſe
cognoiſſent, & plus elles ſont
aymées.

Où la perfection ſe trouue,
il n'eſt beſoin de l'aide des
choſes.

Il eſt hors du pouuoir du

monde de faire voir dans la rondeur de ſes bornes des perfections plus parfaitement belles que les voſtres.

La nature vous a formée pour ſuiet accomply de ſes merueilles , ou pluſtoſt la merueille des ſuiets accomplis.

Voſtre perfection eſt ſi haute, que vous eſtes hors de toute enuie.

Si ſon apparence eſtoit belle, ſon eſprit eſtoit encor plus excellent, la ſurpaſſant autant que l'immortel eſt plus que le caduque.

Ses perfections maiſtrifoyent les cœurs des plus grands de fon fiecle, & partageoyent égallement leurs vœux, à l'amour & à la crainte.

Ie croy que le Ciel pour rendre fon pouuoir manifefte, à fait vn amas du plus digne de fes richeffes pour en orner vos actions, afin que paré de fi riches defpoüilles, vous puiffiez glorieufement triompher du nom d'vnique parmy les plus accomplis.

Le violent efclat de tant de grandeurs, la grandeur de tant de merueilles, & la merueille de tant de beautez qui

ſont en vous, à tellement ar-
reſté mon deſſein , que ie
n'ay iamais rien deſiré d'a-
uantage que vous honorer &
ſeruir.

La raiſon me l'apprend,
mes yeux, & mes penſees le
cognoiſſent , & toutes vos
actions le teſmoignent.

Voyez vertu.

_____

Perte de temps & Pareſſe.

LE temps eſt donné à
l'homme , pour l'offrir
en continuel ſacrifice à la
vertu.

Tout ainſi que l'eſprit s'affoiblit & se rend stupide par l’oysiueté, aussi par l’exercice, il se resueille & fortifie.

Il y a trois choses inutiles, la vie sans labeur, le labeur sans effet, & l’effet indigne du labeur.

La plus honteuse perte qui nous puisse arriuer, c’est le temps mal employé par nostre negligence.

C’est faire assez de mal, qui ne fait point de bien.

Le trauail est pere de la gloire, & de la renommée.

On doit consommer sa vie en trauail, pour faire vne mort honorable.

Aux hommes paresseux les labeurs sont des supplices.

Nostre nonchalance fait demeurer derriere nous les plus belles occasions , auec nos plus douces annees.

Conseil , diligence & prudence sont inutiles , quand l'execution en est imprudente & paresseuse.

Ie ne seray paresseux doresnauant , à vous rendre toute l'obeissance , où mon deuoir me peut obliger.

Nous sentons plus d'obligatió de tous les autres biens que du temps, & toutesfois, c'est celuy que nous pouuons le moins rendre.

Faire gloire de l'oyſiueté, c'eſt vne ambition poltron-ne.

———————————————

Pitié & compaſſion.

IEttez les yeux de voſtre pitié, ſur les trauaux qui m'enuironnent, & ie ſuis aſſeuré qu'il vous prendra enuie de finir mon martire.

C'eſt vne choſe plus humaine, voire diuine, de plaindre le mal que de s'en mocquer.

Ie penſe auoir eu de vous toute l'honneſte pitié, que

i'en dois auoir.

Ie m'eftimerois la plus ingrate du monde, pour le feul
refpect de voftre amitié, fi ie
n'auois pitié de voftre mifere.

Qui veut alleger la douleur
de quelqu'vn, doit monftrer
qu'il y a part, & qu'il s'en ref-
fent.

Mon regard moüillé de
pleurs, & ma voix foufpiran-
te, ne foufpirent, ni ne recer-
chent que voftre pitié.

La pitié eft infuffifante de
rendre la vie à vn qui ne la
poffede plus : mais fa puiffance peut affez pour reuoquer

vn arreſt iniuſtement pro-
noncé.

L'ame du monde, la plus
barbare, auroit eſté touchée
de pitié & compaſſion, par le
recit de ſes pitoyables afflictions.

La pitié paternelle ne feroit
elle point plorer voſtre miſe-
ricorde, ſi les ſanglots de mes
plaintes montoyent iuſques a
vous?

Cependant ces prieres parloyent à Dieu, de qui la miſe-
ricorde carreſſoit ſon ſalut.

En nourriſſant ainſi mes
peines, i'allumeray la pitié aux
cœurs des pitoyables.

Ie ne peux vous voir ainſi
geſné, ſans eſtre eſmeu, ni lire tant de tourment ſur voſtre
face, ſans ouurir mon cœur à
la pitié.

Sauuez & ſecourez celuy
qui par fatale ordonnance,
s'eſt deſtiné n'auoir ni bié, ni
mal en ce monde, que celuy
qu'il receura de voſtre part.

Plaiſirs & voluptez.

LE plus ſouuent pour vn
moment de plaiſirs, il
faut ſouffrir vne eternité de
martires.

Ce ſont de pauures richeſſes

ses que les voluptez , nous se-
rions à nous si elles n'estoient
point nostres.

Les grands font les grandes
desbauches , & en la fin ils
goustent des fruits qu'ils ont
semé.

Tant plus les voluptez sont
entretenuës & fortifiees , tant
plus le corps est affoibli & in-
dispos.

Les voluptez ne sont que
songes, qui nous contentent
quelque heure de la nuict , &
au resueil bien souuent nous
laissent veufs de cōtentement
& de vie.

Celuy qui veut paruenir à
S

la vertu, comme à fon pays,
doit fuir les voluptez, comme
le chant des Syrenes.

Chacun de nous a deux fols
confeillers, la douleur, & la
volupté.

Faut il qu'vne fumee de
frefles plaifirs nous féble des
faueurs d'vne glorieufe fortune.

Il n'y a volupté en ce monde fi grande que le contentement, que nous receuons en
noftre confcience d'vne belle
& loüable action.

La vie fans voluptez, c'eft
vn long chemin fans hoftel-
lerie.

Le passage est bien difficile des nuicts de la volupté, aux veilles de la vaillance.

Le iour qui esleue le corps sur la volupté, le mettra au dessous de la douleur.

Mes persuasions, pour m'engager à leur party, faisoyent viure les plaisirs de mon humeur, & mourir ceux de ma conscience.

Les fausses ioyes des voluptez mondaines, produisent à la fin des douleurs veritables.

Il vaut mieux auoir ce contentement en l'ame, d'auoir vaincu le plaisir, que d'en auoir iouy.

C'eſt ce monſtrer trop laſ-
che & effeminé, de vouloir
preferer vn voluptueux contentement à ſon honneur, &
à l'abord de ſes deſirs au port
de ſon ſalut.

Les plaiſirs qui ont eſté,
ſont les plus certains: car on
ne peut douter qu'on ne les
ait eus.

Toutes les choſes qui plaiſent, ne ſeruent pas comme
au contraire on trouue que
bien ſouuent nuit ce qui eſt
doux, & que l'amertume eſt
profitable.

Plaintes & courroux.

SI vous auez creu trop facilement , accusez en vo-
stre legereté, plustost que ma
faute,ou mon inconstance.

Si vous demandez le suiet
de ma plainte , cerchez le en
vous mesme.

La plainte , ne peut iamais
resusciter les morts.

Les plaintes sont libres entre tous, mais elles sont plus
affectionnees entre voisins.

La peine naturelle des plaintes , pour iustes ou iniustes
qu'elles soient, est de se plaindre sans satisfaction.

Ie me puis bien iuſtement
plaindre de la nouuelle opinion, que vous auez conçeuë,
car c'eſt ſans doute , qu'au
cœur ou ceſte deffiance à peu
entrer la foy en eſt entiere-
ment ſortie.

Si ie ne merite iamais vos
bonnes graces par mes ſeruices, auſſi n'ay ie point merité
vos courroux, par mes deſo-
beiſſances.

Infortuné que ie ſuis, ie n'ay
plus vne ſeule occaſion d'eſperer, mais i'en ay infinies de
craindre & de me tourmen-
ter.

Voſtre peu d'affection eſt

c<i>au</i>fe de voftre incredulité, car
où regne l'amour, regne la foy.

I'ay toufiours ouy dire, qu'a-
lors que la deffiáce entre dans
vne ame, l'amour en fort par
la mefme porte.

Pouuoir & puiffance.

LA nuiĉt de ma puiffance
n'a point de pouuoir, ou
le iour de la voftre refpand fes
rayons.

Il eft en voftre pouuoir de
me rendre vaincu, ou vainqueur, heureux ou malheu-
reux.

S'il vous aduient de vous

adonner à ce qui eſt hors de voſtre puiſſance, afin de complaire, ſçachez que vous auez perdu voſtre rang.

Approuuer, entreprendre, deſirer, & fuir, & pour dire en vn mot, ce qui nedeſpend que de nous ſeuls , eſt en noſtre puiſſance.

Prier & ſouhaiter.

CE que les commandemens vous peuuent acquerir , vous ne le deuez pas cercher par prieres.

Dieu vous réde la plus heureuſe qui viue, tout ainſi qu'il

vous a fait la plus belle & la plus accomplie.

Ie prie à Dieu qu'il vous dône autant de contentement, que vous m'en oftez.

Ie prie Dieu qu'il vous donne la felicité que vous meritez, & que ie vous defire.

Faites que ma douleur foit auffi briefue, comme ma foy vous fera durable.

Priant Dieu que les vertus qui font en vous, ne demeurent pas long temps, fans vous accōpagner de quelque heureufe fortune.

Le Ciel qui exauce les vœux fidelles, beniffe & contente vos defirs.

Ie fay des vœux pour vo-
ftre falut, ie prie Dieu, à qui
ie les adreffe, les rendre auffi
heureux quifont finceres.

Ie vous rendray enuers
Dieu de bons offices, fi mes
prieres peuuent efmouuoir fa
clemence.

Face le Ciel que vous me
foyez auffi fidelle, que vous
m'eftes chere.

Priant Dieu qu'en donnant
fin à voftre mal, il donne
commencement à mon bien.

Prier d'efcrire, voyez lettres.

PRINTEMPS.

LE Printemps cómençoit à nous monſtrer ſa verdoyante face, & à ſe parer de ſa robbe parſemée de fleurs, quand ceſte douce ſaiſon cóuiant vn chacun aux promenades, faiſoit deſerter les villes pour peupler les champs.

Au temps que la Deeſſe Flore embellit la terre de ſes fleurs plus ſoüeſues, & que le chant des oyſeaux par vne melodieuſe harmonie reſueille les eſprits de ceux que le Ciel à rendus capables

d'amour, pour les faire ac-
courir à ce qui peut apporter
quelque remede à leurs paſſions.

La belle Flore reuenoit en
nos riues Françoiſes, & reſta-
bliſſant ſon diapré Empire,
nous faiſoit voir ſa face eſ-
maillee.

Lors que la temperature de
l'air, l'odeur & ſuauité des
herbes, & ſemblables autres
amorces ſemblent renouueller la chaleur des humains, à
peu pres aſſoupie, par la vehe-
mence d'vne hyuernale froi-
dure.

C'eſtoit en la ſaiſon du

mois de May, que le Ciel & la
terre d'vne face riante, car-
reſſent amoureuſement les
creatures, & en leur vie inſpi-
rent quelque triſteſſe, & font
reſpandre des larmes aux
Amants, qui ſont priuez de la
veuë de ce qu'ils aiment.

PROMETTRE.

TAnt que la vie me laiſſera
iouyr des clartez du So-
leil, iamais autre que vous
n'aura droit ſur mon cœur.

Faites moy ce bien qu'en
vous donnant ces nouuelles
aſſeurances de ma fidelité, il

vous plaise me donner des promesses veritables de la voftre.

Vos promesses surpassent mes desirs , tant s'en faut qu'elles ne respondent à mes esperances.

Le Ciel sera pluftost la terre, auant que rien me puisse diuertir de l'enuie que i'ay de me faire tousiours paroistre auec combien d'affection i'embrasse le seruice, que i'ay voüé à l'amour que ie vous porte.

Ie protefte ne recognoistre iamais que voftre vnique lumiere, comme la terre ne recognoist que celle du Soleil.

Ce ne sont point de faulses promesses que celles que ie vous ay données, ce sont des asseurances veritables, tirées de mon cœur, auec la force de ma passion.

Ceux qui font profession d'estre loüables en leurs a-ctions, sont veritables en leurs promesses.

Toutes les choses d'icy bas changeront leurs inclinations naturelles en d'autres proprietez toutes contraires, auparauant qu'on puisse voir quelque mutation, en la resolution que i'ay prise de vous aimer.

Le Ciel sera tesmoin (s'il luy plaist) de ce que ie vous dy pour auoir esté present à toutes mes actions.

Si vous m'aimez encor, asseurez vos pensees d'vne esgalle promesse.

Nul n'est capable de conceuoir tant de deuotion, pour vostre seruice, que moy , qui tiendray ma vie glorieusemét perduë, pour confirmation de mon dire.

Ie me promets que vous ne voudriez pas tromper mon esperance, ni manquer à vos promesses, comme ie ne manqueray iamais à la fidelité que ie vous ay promife.

Ie vous affeure que pour pleger ma parole, ie vous donneray tant d'effets de fa loyauté, que vous n'en pourrez douter.

Si vous doutez de mes affections, ie vous donneray pour oftage mon ame, & pour facrifice mon cœur.

Voyez refolution.

PRVDENCE.

IL n'y a rien fi fuiet à eftre trompé, que la prudence humaine.

Ie me veux munir de voftre belle prudence, pour l'oppofer aux fauffes calomnies des mefdifans.

La prudence à deux vfages, l'vn de nous auancer au bien, & l'autre de reietter le mal de nous.

La prudence eft fille aifnée de la raifon, qui ne s'exerce qu'aux chofes certaines & honorables.

Tel aura reçeu quelque faueur de hazard, qui l'auroit peu acquerir par prudence.

La prudence eft en nos efprits, comme les vaines d'or en la terre, qui fe trouuent en peu d’endroits.

Tout ce que nous pouuons faire, eſt d’entreprendre auec prudence, pourſuyure auec eſperance, & ſupporter ce qui en arriue auec patience.

La prudence ne s’employe pas ſeulement, pour nous faire auoir le bien, mais auſſi pour nous faire éuiter le mal.

La vertu & prudence d’vn homme, ne ſe peut cognoiſtre, ſinon au temps que la tribulation luy vient.

La prudence eſt l’œil de toutes les vertus, & ſans laquelle il ſeroit malaiſé qu’elles ſe peuſſent conduire en asseurance, parmi les embusches & perils de ceste vie.

Punir, voyez correction & pardon.

QVERELLES.

COmme le Soleil paroist plus clair apres les nuages, aussi fait l'amour apres les querelles.

La raison ne nous sert non plus entre les passions, & querelles, que les aisles font aux oiseaux engluez par les pieds.

Vn bon & fidelle ami nous doit estre si cher, que nous

deuons propoſer toutes choſes pour ſa querelle.

Comme il n'y a ſorte d'her-
be veneneuſe quelle que ſoit,
laquelle temperee & appli-
quee à propos, n'ait quelque
ſalutaire vſage, ainſi en eſt-il
des querelles & iniures.

Quiter, voyez deſdain &
meſpris, & refuſer.

RAISON.

LEs hommes ſont plus en-
clins à imiter les actions
d'autruy, qu'à ſuiure les regles
de la raiſon.

Les cauſes qui manquent
de raiſon, ont beſoin de for-

tes paroles.

Si la raiſon vous pouuoit auſſi bien ſoulager qu'elle m'excuſe, ie vous dirois auec autant de reſpect que de hardieſſe, ce qui pourroit flatter voſtre courroux.

Ie vous prie de poiſer vos raiſons auec ma cauſe, afin de voir le bon droit de l'vn ou de l'autre.

Ma foy s'eſt touſiours arreſtee au pied de la raiſon.

Prenez la raiſon pour eſtoille, elle vous garantira de ſon naufrage.

Les ſens, pour ne comprendre ce qui eſt de la raiſon,

font fouuent trompez par l'apparence.

· La raifon fait aux fages,ce que le temps apporte aux plus foibles pour toutes les autres paffions.

Ces raifons ici mãquent plus de diligence , que de confeil, plus d'effet,que de difcours.

Celuy commande à tout, qui obeit à la raifon.

Cefte folle creance vous deçoit , & comme vn Icare nouueau , vous porte fi pres de ce Soleil , que fes feux fondent les aifles de voftre raifon & vous precipitent en la mer de voftre malheur.

La raiſon eſt la ferme diſ-
poſition de noſtre volonté, à
ſuiure ce qui eſt honneſte &
conuenable.

La fantaſie fait ſouuent la
loy à la raiſon.

Rapports & meſdiſances.

PLuſieurs offuſquans la raiſon d'vne nuee d'impa-
tience, croyent pluſtoſt les
rapports d'aucunes perſonnes
meſdiſantes & vicieuſes, que
leur propre conſcience & cer-
taine experience.

Ceux qui s'attaquent à
moy & à ma reputation, n'y
gagne-

gaigneront iamais autre chose, que ce que gaigne ceux qui
crachent contre le Ciel.

Ie ne doute point qu'ils
n'ayent autant d'imprudence
pour le nier, comme ils ont eu
d'infidelité pour le cōmettre.

La mesdisance est vn vice,
qui ne desrobe pas seulement
l'honneur d'autruy, mais encor celuy de son maistre, s'il
en a.

Ils ont esté aussi temeraires
à me iuger, qu'impatiens à
m'escouter.

Vous auez censuré mes
vœux sur vn faux tesmoi-
gnage, & interessé mon hon-

neur , pour fauorifer voftre iniuftice.

La mefdifance eft meur-
triere de l'honneur , le fleau
des gens de bien ; le fupplice
des innocens, la trompette de
calomnie, & la femence de
diuorce.

Quand nous fommes auec
des mefdifans quiveulent paffer le temps de nos imperfections,il faut commencer des
premiers , car c'eft vne efpece
de vengeance que de leur
ofter la volupté des premices
de la mefdifance.

Leurs perfecutions & leurs
mefdifances m'acquierét plus

de reputation, que moy mefme ne m'en fuffe peu promettre, par mes labeurs.

Ie veux deformais receuoir
leurs calomnies, non à leur intention, mais aux effets qui en
procedent.

Le menfonge vient des
hommes ferfs, & la verité des
hommes libres.

Ie ne m'eftonne pas que les
mefchans ayent fuiui leur
couftume de mefdire & faire
mal, mais ie trouue eftrange,
& m'offence fort qu'ils foyét
creuz de gens de bien.

La vertu eft ordinairement
abbayée par ceux qui foüillét

T ij

leur vie dans les cloaques du
vice & par les esprits enuieux,
qui sentans leur malheur, sont
marris de la felicité des autres.

Nous ne deuons pas beau-
coup nous soucier des lágues
des hommes, mais de nostre
conscience.

Le mensonge est vne chose
prompte & facile à ceux qui
sont accoustumez à mal faire.

La calomnie suit tousiours
ceux qui paroissent sur le thea-
tre des actions humaines.

Si i'ay dit cela en secret,
comme l'a il peu descouurir, si
la meschanceté ne luy a seruy

d'esprit familier, duquel il entend tout ce qu'il dit & seme ses faussetez?

Les oreilles croyent bien souuent à autruy, & les yeux ne croyent pas à eux mesmes.

Les flesches de leurs calomnies n'ont point la pointe assez acerée, ni d'assez bonne trempe, pour enfoncer la dureté de ma constance.

Confesse librement que tes paroles indigentes de verité ont mieux seruy ta perfidie, que ta conscience.

Ceux là qui sont enclins à la mesdisance, apprennent

en voftre fuiet à dire du bien
d'autruy.

Ne vous mettez point en
peine de la mauuaife opinion
qu'ils ont de moy, car ie ne
l'ay pas meilleure d'eux, & fi
la mienne eft affeurée fur des
raifons beaucoup plus fermes
& veritables.

La calomnie eft le pinceau
de Satan, le poinçon de Beel-
zebuth, & le crayon de tous
ceux qui fe font graduez en
l'efcole tenebreufe.

Il ne fe faut eftonner, s'ils
mefdifent d'autruy, car ils
n'ont iamais appris à bien dire de perfonne : C'eft par-

quoy ie leur pardonne, de la façon qu'on pardonne aux corbeaux croaſſans, d'autant qu'ils ont ce langage de nature.

———————————————

Recerches d'Amour.

CE n'eſt pas vne humeur vagabonde, ni l'aiſle d'vn deſir volage, qui force mes volontez à la recerche d'vne conqueſte ſi glorieuſe : c'eſt la foy de voſtre vertu , qui ſeulle engage dans les chaiſnes de l'honneur la puiſſance de mon courage.

Mon deſſein n'aſpire qu'à

l'engagement de voſtre foy, ſous l'hoſtage de la mienne: vous aſſeurant que la perfidie n'a rien de meſlé en ce qui touche la fermeté de ma conſtance.

Tant de conſiderations cõçeuës au ſein d'vne ſi belle ame comme la voſtre, ne doiuent rendre vaine l'eſperance de mes fidelles deſirs, ni trauerſer ma foy en voſtre imagination.

C'eſt du plus ſeur de mon ame, que i'ay tiré l'obeiſſance que mes vœux ſacrifient aux pieds de vos perfections.

Ie vous prie de n'entrer

point fous l'ombrage d'vne perfide defloyauté, que i'abhorre fur toutes les inclinations des hommes.

Les vns employent les puiffances de l'amour, pour poffeder les corps, les autres les effets de la foy & de l'obeiffance, pour meriter les faueurs du cœur.

Ouurez la porte du cabinet de voftre ame, pour donner entrée à mes paroles veritables qui naiffent de mes leures, en la mefme forme que ma fidelité leur a donné, conceuant l'idée veritable de vos graces.

T v

Ma qualité ne peut receuoir des mains de la fortune vne gloire plus haute que l'eſtat de voſtre merite.

Vous ne deuez rauir à mon affection l'aiſle de ſon eſperance, qui ſe limite ſous l'heureuſe alliance d'vn doux hymen.

Faites que ie reçoiue par l'organe ſeulle de voſtre volonté, l'armonieuſe douceur qui doit prononcer l'arreſt de ma vie.

Si ma conſtance, mes vœux, mō amour & ma fidelité ombragent la douceur de voſtre ame, ie dois receuoir de vous l'honorable preuue d'amitié que i'implore pour le salut de ma peine.

Si l'offre de mon obeiſſance vous eſt aggreable, i'eſleueray le trophée de ceſte conqueſte par deſſus tous les triomphes que ie pretens du monde.

Mon demerite me peut priuer de l'honneur de voſtre recerche : mais ma fidelité vous eſtant cogneuë, pourra ſuppleer à ce defaut de nature.

Receuez ma fidelité qui vient a vous, non comme choſe eſgalle à la grandeur des gloires de voſtre ame:

mais auec le colier d'esclaue,
pour receuoir les loix de vos
commandemens.

Voyez Requerir.

RECOGNOISTRE.

IE regrette que mes vœux ne
puissent recognoistre vo-
stre merite.

Cela m'oblige à le reco-
gnoistre, & à faire naistre des
desirs pour m'en acquiter.

Ie ne puis auoir aucun
moyen de recognoistre ceste
fauorable preuue de vostre
honnesteté.

Vous recognoistrez en fin

que mes vœux ne portent autre chofe, finon que vous viuiez auffi content, comme ie fuis voftre.

Vous me tefmoignez plus d'honnefteté, que ie ne puis vous rendre de feruice.

Voyez rendre graces.

RECOMMANDER.

VOus n'eftes pas moins recommandé de courtoifie, que voftre generofité vous rend recommandable.

Ie vous recommande d'eftre d'autant plus proche de

nous en amitié , que vous en eftes efloigné en perfonne.

Il vous plaira de me continuer le bien de vos bonnes graces.

Iamais ie n'eus rien en fi grande recommandation que le bien de voftre feruice.

Comme les obligations que ie vous ay font infinies, auffi les recommandations que ie vous fay font fans nombre.

Ayez toufiours en vos particulieres recommandations, celuy qui fur tout autre à recommandé vos merites en tous bons lieux ou vous pouuez esperer de la faueur.

REFVSER.

VOus ne denierez point voftre bien-veillance à celuy lequel, pour vous eftre loyal, veut eftre infidelle aux autres, & leur defobeir pour fe tefmoigner voftre.

Si pour le bien que ie pretens, ie n'ay que du refus, mon efprit demy mort, s'efteignant peu à peu, ne fera pas long temps fans efteindre fa vie.

Mon refus offenceroit autant voftre merite, qu'il feroit de tort à mon inclination , fi ie ne m'inclinois à voftre requefte.

Aux demandes inciuiles, les refus font iugez raifonnables.

Toute requefte qui contre le deuoir , fe doit iuftement efconduire & refufer.

Les premieres demandes d'vne perfonne qui nous a obligez eftroittement , font malaifées à refufer.

Ie lifois en voftre vifage des refus, dont la feule apprehenfion me faifoit mourir de defplaifir.

Ne refufez point à vn qui ne viura plus , la faueur de

voir ce qu'il ayme.

Ne me reputez point si loin, pour tascher à me faire perdre l'enuie de vous voir.

Mon inclination & vostre amour ne peuuent produire que des effets dissemblables.

Où tourneray-ie le vol de ma premiere esperance, qui me promettoit vne vie si heureuse & si asseurée, au lieu de tant de morts rigoureuses, que me donne vostre refus?

Ie ne puis trop mespriser celuy, qui au lieu de me porter vne sincere & pudique amitié, ne tasche qu'à m'abuser.

Elle rendit inutile ſes atta-
ques , r'enuoyant par vn
honneſte refus vne demande
iniuſte.

Regards, voyez yeux.

REGRETS.

IE ne verray donc plus les
regrettées lumieres qui
donnoyent la clarté à mes
yeux, & l'eſperance à mes
vœux.

l'aurois trop de regret, ſi
mes vœux ne vous eſtoyent
agreables , d'eſtre deſauoüé
pour voſtre ſeruiteur.

Ie regrette tellement noftre feparation , que rien ne touchera iamais mon ame à l'efgal du defplaifir que i'en fupporte.

Le mal que vous pourriez encourir en cefte entreprife, me laifferoit vn regret eternel.

Le plus grand regret que i'emporte auec moy, partant de ce lieu, c'eft de me voir à iamais priué de voftre belle prefence.

Ie cachois fous le voile d'vn prudent filence le defplaifir que ie receuois, de voir ainfi mes defirs trauerfez.

Si ie n'allegeois le regret

que i'emporte de l'esperance que i'ay de vous reuoir bien toft, ie croirois que la nef de ma vie aborderoit pluftoft au riuage de la mort, qu'aux ter-res ou ie pretens.

Si vous baftiffez fur ce fable mouuant, ie porteray vn re-gret eternel, que voftre fide-lité pipée n'ait eu pour reci-proque qu'vn mafque fou-ftenu d'inconftance & de defloyauté.

Religion & Deuotion.

LEs faintes flammes d'vn amour diuin, ont con-

fómé les feux qui m'efchauf-
foyent au feruice du monde,
ma repentance en iette deuo-
tement les cendres au vent de
mes foufpirs.

I'entreray au feruice des
cieux pour recercher en ma
deuotion le repos que ie n'ay
peu trouuer en mon amour.

Defdaignant la conuerfa-
tion du monde , i'en retire
mes vœux , les donnant à celuy qui s'eft donné pour nous
tous.

A celuy qui de la terre prend
la route du Ciel , le moindre
feiour eft nuifible , le danger
eftant à l'attente.

C'eſt vn riche & heureux acqueſt, d'acheter l'eternité par vn trauail de peu d'années.

Il n'y a vertu qui merite plus de loüange, que celle qui eſt approuuee par le teſmoignage de Dieu.

La diuinité l'a rauy aux humains, mais luy-meſme s'eſt oſté du monde, & n'a pas craint de captiuer ſon ieune corps, pour mettre vn iour en liberté ſon ame.

Nous pouuons aimer Dieu par religion, & le monde par modeſtie, en l'vn exerçant la foy, en l'autre les bonnes mœurs.

La religion est le seul & plus digne obiet de l'ame & le propre exercice de l'homme, & si propre qu'il n'en a point de plus naturel.

Mon esprit retirant ses feux engagez dans les cendres de la terre, a trauersé les nuées, pour toucher le firmament de l'immortalité.

Ie me retire du monde, pour y fauoriser vostre repos.

Ie veux dire adieu au monde & à sa lignee, & prenant pour espouse la mere commune de tous fidelles, ie ne respireray plus que son saint amour.

Ie defire faire efchange des honneurs terreftres, aux fortunes du Ciel.

Il a changé les faueurs qui dependent de la fortune, auec les benedictions qui procedent de la grace celefte.

La religion fans ceremonies, eft comme vn arbre fans verdure, vn vaiffeau fans voile, vn Ciel fans eftoilles.

Ie trafiqueray auec les Anges, & mettray mes prieres à rente dans les Cieux.

C'eft vne efcole celefte, où la vertu s'apprend, & la vanité s'oublie, où la deuotion fait

fait son fort, & d'où monda-
nité est exilée.

Leur vie n'est pas moins
sainte, que solitaire, & d'autant plus embrasée que loüable.

C'est vne chaste court, où
se traicte l'amour diuin, où
les esprits sont amoureuse-
ment passionnez, & passion-
nément amoureux de sa misericorde.

C'est là où les palmes de
continence ombragent les
Autels.

V

REMEDES.

ON eſt bien loin de gua-
riſon , quand on fuit le
remede.

Le principal de la ſanté eſt
en la volonté de celuy qui la
deſire.

Aux maladies deſeſperées,
il faut appliquer des remedes
hazardeux.

Ce remede eſt trop faux,
pour vn mal ſi véritable.

Il eſt aiſé à vne ame qui n'eſt
point aſſeruie à la douleur,
d'appliquer quelque remede
au deſplaiſir des autres.

La medecine plus ſinguliere pour les infortunez., c'eſt l'oubliance du bien.

C'eſt la longueur du temps, qui amoindrit., ou bien augmente la douleur des maladies plus cruelles.

Ceux là ne penſent iamais aux remedes, qui content leur maladie pour ſanté.

RENDRE GRACES.

VOs preſens me feront touſiours preſens en la memoire, i'en auray touſiours la loüange à la langue, & l'obligation au cœur.

Vos feruices m'ont rendu

V ij

tant de tefmoignage de voftre deuotion , que ne le croire , ce feroit apporter du doute à la verité.

Ie vous en remercie plus auec le cœur , qu'auec la plume.

Ce m'eft plaifir de voir croiftre de iour en iour l'obligation que ie vous ay , car plus ie vous fuis tenu & plus ie penfe gaigner.

Vous eftes trop liberal de vos vœux, & prodigue d'honnefteté , pour vne creature enuers laquelle le Ciel a efté fi auare de fes dons.

Tant plus ie vous fuis obligé,& moins ie fuis foluable.

Ie ne puis perdre le fouuenir de vos bons offices, qu'en
oubliant mon deuoir.

Les obligations que ie vous
ay font fi grandes, que i'efti-
me mon pouuoir trop petit,
pour dignement recognoi-
ftre le moindre.

Ie vous feray iuger mon
cœur, autant ennemy de l'ingrate oubliance, que curieux
de conferuer fans fin le fouuenir d'vne fi rare faueur.

Ie ne tiens ce bien fait de
vous que par emprunt, mon
affection vous en payera la
rente.

V iij

Apres ma mort dedans le sepulchre ie respireray encor ces obligations.

I'ay grand regret que ma fortune aduerse, n'a permis que ie recompensasse la grande obligation que vous auez acquise sur moy.

Si ie vous ay fait quelque seruice agreable, croyez que ce n'estoit encor que l'ombre de ce que ie vous desire monstrer par veritables effets.

Ie voudrois auoir plusieurs cœurs & plusieurs entendemens, afin d'estre plus capable de penser en vous, & de loger tant d'obligations.

On dit que c'eſt perdre les anciens bien-faits, que de n'y en adiouſter point de nou-ueaux, c'eſt parauenture ce qui fait que vous continuez à me fauoriſer.

Si les ſeruices que ie vous ay faits ont eſté petits, la volon-té que i'ay euë de recognoiſtre les biens & honneurs que i'ay reçeus de vous, eſt grande en toute extrémité.

Ie ne puis mettre au ſilence vos bien faits, ſans rendre là parole pour mon ingratitu-de.

Ie ne puis autre choſe, que

V. iiij

vous en remercier du cœur &
de l'efprit, & fi cefte paffion
eft commune, ie vous affeu-
reray toutesfois, que la pen-
fee & l'affection dont elle
procede, ne l'eft point, mais
vous eft particulierement de-
dice.

REPARTIES.

IL ne m'a point d'obligatió,
ni moy point de merite, qui
l'oblige, fi ie l'ay aimé, c'eftoit
mon deuoir.

Ie fuis plus obligé de ces
loüanges à voftre courtoifie,
qu'à la verité.

Cela procede de voftre volonté, & non de mon merite.

Ce que vos commandemens
peuuent acquerir, vous ne le
deuez pas recercher par des
prieres.

Ma creance s'accorde beaucoup mieux à voftre honnefteté, que ne fait ma condition à vos loüanges.

Le refpect & la courtoifie
que vous exercez fi librement
aux defpens de mon amour,
font fi grands, qu'ils vous font
mefprifer la verité.

C'eft pour rendre manife-
fte voftre hónefteté que vous
tournez, c'eft honnefteté

V v

à mon aduantage.

C'eſt voſtre courtoiſie qui me preſte les faueurs, que le ciel & la nature m'auoient deniées.

Ce ne ſont pas mes opinions qui vous gratifient, mais c'eſt la verité, qui m'oblige de croire de vous ce qu'vn chacun admire.

Cela ſeroit bon à ceux qui ont eu la vertu pour nourrice, le bon-heur pour berceau, & vos vertus pour exemple.

Ce qui iuſtement eſt noſtre, ne nous peut venir du bien fait d'autruy.

La courtoiſie de la beauté

de voftre ame ne fe peut cacher, puifque la cognoiflance
du monde la void fans difficulté.

L'on ne peut donner par
courtoifie, ce que le Ciel &
nature nous ont laiffé en propre.

Tant de loüanges fans apparence de fuiet , me rendent
tout confus.

Ce n'eft pas pour feruir,
que le Ciel vous a fait naiftre, mais bien pour eftre fer-
uie.

Ce ne me fera iamais peine
de vous tefmoigner le feruice que ie vous ay voüé, ains

beaucoup de contentement.

Voſtre merite eſt trop grand, & vos deſirs volent trop ſuperbement, pour arreſter en ſi bas lieu le ſuiet de vos ambitions.

Vous prenez mon deuoir pour courtoiſie.

Voſtre grandeur eſt trop differente à ma condition, & moy trop ennemie de la vanité pour luy donner entrée à ma preſomption.

Si le don m'eſt aggreable, celuy qui me le fait, me plaiſt encor plus.

Ie ne puis obliger ma crean-ce à recognoiſtre tant de paſ-

fion, ne voyant point de fuiet d'où elles puiſſent tirer leur
eſtre.

Ces belles perfections, dont
voſtre honneur me gratifie,
ne me font acquiſes qu'en
idée.

J'aime mieux eſtre aimé de
vous, que loüé, par ce que mes
effets ne ſçauroient reſpondre
à vos loüanges.

C'eſt moy qui dois cet hommage à vos merites.

Mes preſens n'ont pas re-
ſpondu à ſon attente, ni ſes
merites à la mienne : car ſi ie
ne luy ay pas tant donné
comme il eſperoit, auſſi eſpe-

roit-il plus qu'il ne deuoit?

L'affection que ie vous porte, vient du merite de vos vertus, & non pas de ma courtoifie, comme vous dites.

Renom, voyez honneur, loüan-
ges, merites, & vertu.

REPENTIR.

IE vous fupplie de prendre ma repentance, en fatisfaction du mal que ie vous ay pourchaffé, auec le facrifice de ma propre vie.

La penitence n'a point de merite, quand elle prendra fa caufe de la contrainte.

En toutes chofes faut voir premier que s'y embarquer, qu'elle en pourra eftre la fin.

Les trophées de repentance accroiffent toufiours la douleur, comme les belles actions la ioye.

Cela fait fucceder au plaifir defiré vne repentance inefperée.

Ne commençons rien, dont la fin puis apres nous puiffe engendrer du repentir.

Le repentir ne prend ordinairement les Dames, qu'au temps qu'il ne leur peut plus feruir.

Le repentir ne s'introduira

iamais parmy ce que i'ay fait
pour vous.

Les pleurs de la contrition
honorent la repentance, &
luy donnent ceste proprieté
de reparer les ruines de l'innocence.

Ceux qui demeurent touf-
iours acroupis aux cendres,
font chez eux comme dans
vn tombeau, ils peuuent bien
mettre leur nom en marbre
fur la porte : car ils fe font faits
enterrer deuant que d'eftre
morts.

Ce n'eft point vn humeur
vollage, qui m'a imprimé cefte repentance, mais pluftoft

vne iufte cognoiffance, que
la verité de vos merites ont
donnez à mon ame de fon infidelité.

REPROCHES.

MOn affection meritoit
bien que ie fuffe gratifié
de quelque effet de voftre fou-
uenance.

C'eft folie à vous de reprocher pour crime , ce qu'vn
chacun recognoift pour vertu.

Reprocher les biens-faits
n'eft autre chofe qu'acheter
haine.

Raconter les feruices à ceux qui les ont reçeuz , femble eftre leur reprocher, & leur vouloir marquer l'ingratitude fur le front.

Mon affection eftoit bien digne de la voftre, mais mon peu de merite & ma fortune m'ont rendu indigne de vous poffeder qu'en mon ame.

Si les faueurs dont vous m'auez vfé, m'ont efté grandes, ie les ay achetées auec tant de peine que ie ne vous en dois nulle obligation.

Vous auez fait banqueroute aux affections , que vous

auiez voüées à mon amour.

C'eft vne herefie en amour, de promettre foy à deux per-fonnes.

Il faut plus craindre les re-proches, que le danger.

Il vaudroit mieux mourir auec quelque glorieufe actió, que de commettre quelque chofe au furplus de la vie qui en deshonore la memoire.

Ie ne penfe pas que ce mef-pris foit aduoüé de voftre prudence.

Vn iour le ciel ayant pitié de moy, vous efmouuera à re-gretter ma perte.

Où font les iours qui efclai-

roient à noftre felicité, lors
que nos mutuelles affections
transformerent nos volontez
en vne, & firent de deux ames
vne ame.

Ie croy, que ie feray toufiours fi iniquement traitee
par la malice de mon deftin,
que mes actions les plus fin-
eeres vous feront les plus fu-
fpeétes.

Que fera-ce de toy, fi les
tefmoins, qui font prifon-
niers en ta confcience, font
eflargis, pour ton remors,
& appellez en tefmoignage,
pour defcouurir ta mefchan-
ceté.

Quelqu'vn moins aggrea-
ble que moy occupera vo-
ftre cœur , & glorieux de fe
voir recerché de vous , bra-
uera voftre langueur , & vous
fera effayer les trauerfes, que
indignement vous me faites
fentir.

Ie prie le Ciel, qu'il accom-
pliffe vos fouhaits, & qu'il me
tienne pour iamais deliuré
des chaines de toutes les infi-
delles & ingrattes qui vous
reffemblent.

Ie ne fçay plus quels ef-
forts de patience oppofer à
mon ennuy : veu que vous
feule (de qui doit naiftre mon

bien) ne faites eſtat de mon
amitié, ni de ma conſtance.

REQVERIR.

MOn importunité im-
portune voſtre gran-
deur , auant que de luy auoir
rendu du ſeruice.

Si iamais la courtoiſie
fut hoſteſſe de voſtre ame,
& ſi iamais voſtre ſecours
a eſté fauorable aux affligez,
n'en deniez maintenant,
quelque partie à celuy qui
vous en requiert ſi humblement.

Ie ne requiers de vos doucœurs, que ce que veut l'honneur.

Donnez moy cela d'vne main aussi liberale, que d'vn cœur deuot ie vous le demande.

Vous presterez, s'il vous plaist, vos oreilles à mon discours, & vostre soin, & vos deuoirs à ma fortune.

Permettez que mon amour recouure le droit que i'auois en vostre bien-veillance.

Si ie vous ay recerchee, remettez plus ceste faute sur vostre perfection, qu'en aucune legereté qui me l'ait fait commettre.

La seule requeste que mon amour demáde à voftre ame, eft que vous ne confentiez iamais à la ruine de mes affe-ctions.

Faites moy, s'il vous plaift, reuiure , en me voulant du bien, puis que le doute que i'en ay, me fait mourir d'vne mort continuë.

Dieu reçoit volontiers les larmes de ceux qui iuftement l'implorent & requerent.

RESISTER.

ON furmonte facilement l'amour quand on refi-
fte

ste à ſes premiers aſſauts.

Il reſiſtoit touſiours par'vne douce force, aux efforts de ſes perſuaſions.

Les deffences en amour, ſeruent de loy pour aimer d'auantage.

La plus forte reſiſtance que la mort puiſſe trouuer en no', c'eſt la vertu.

Faites paroiſtre à la fortune, que vous auez plus de conſtance, pour luy reſiſter genereuſement, qu'elle n'a de trauerſes, pour vous attaquer indignement.

La fortune cede aux efforts de voſtre valeur, & ſe retire

X

honteufe que tant de mal-
heurs qu'elle a verfez fur
vous ne peuuent faire perir
voftre conftance , dans les
tempeftueux flots de tant de
calamitez.

l'efpere que plus nous trouuerons de refiftence, tant plus
nous en remporterons de
gloire.

Refpect & difcretion.

I'Ay mefuré ma difcretion
à voftre beauté , & mon
refpect à vos merites.

Le refpect eft toufiours efcrit en vos paroles, & la dif-

cretion en vos actions.

Vne amitié sainte & parfaite
est tousiours allaictee du respect & de la crainte.

Cela est du deuoir de ceux
qui ont presté le serment de
fidelité à la discretion.

Ce seroit vn blaspheme
contre ma discretion, de rompre vn dessein qui est loüé de
la vostre.

Sa discretion commandant
le silence, la rendit aussi tost
conuaincuë qu'accusée.

Le respect que ie vous doy
est trop grand, & pour ce ie
n'ay garde d'vser de licence
à parler insolemment en vo-

ftre endroit.

Il me fuffit que vous difpo-
fir z de voftre difcretion à
l'vfage de voftre honneur, &
que i'y aye la part que mon
affection merite.

Elle luy defcouuroit bien
& de cœur & de bouche ce
que deuant le monde, elle tenoit fous le voile de fa difcretion.

Ie n'ay iamais fuiui que ce
que la bien feance du refpect
& de l'honnefteté m'auoit
ordonné.

RESPONCE.

QVe mon ame n'esprou-
ue pas moins de dou-
ceur en vostre responce, que
elle en recogneut dans vos
yeux, alors qu'ils me char-
merent.

La plus douce nourriture de
mon esprit, est d'entendre de
vos nouuelles.

La vertu accompagne peu
souuent les temeraires ha-
rangues, & les audacieuses
responses.

Il y va du peril de vostre
honneur, d'apporter vne ré-
sponce vuide de considera-

tions.

l'attens vne refponce de vous, ou vn trefpas de moy.

Si ie ne vous ay donné refponce auec la plume, ie vous ay donné refponce du cœur & de l'affection.

L'impatience me fait brufler d'vn extréme defir de fçauoir vos volontez, afin d'y porter tout ce que pourra mon obeiffance.

RESOLVTION.

AVx grands accidents, ni preueuz, il eft difficile de refoudre promptement.

Obſeruez les reſolutions
que vous auez priſes comme
loix, & comme eſtant vne
eſpece d'impieté, de les outre-
paſſer.

I'ay touſiours creu qu'vne
reſolution priſe auec ſoin &
prudent iugement,il n'y peut
arriuer de mutation.

Il ſe faut reſoudre,vn braue
courage veut eſtre certain de
ſes deſtinees.

Les loix ne ſont pas faites
ſeulement pour les effets,mais
encor pour les conſeils & reſolutions.

Ie ne ſuis pas aiſé à perſuader, au contraire de ce que i'ay vne fois prins en mes refolutions.

En vne ame bien refoluë, & qui eft à foy, l'amour n'a pas plus de force que les autres paffions humaines.

Ie vous prie de prendre la refolution de mon ame pour le plus affeuré gage que ie defire donner à la conferuation de nos amours.

RETOVR.

AVancez vous, & venez rendre la clarté à mon efprit, lequel eft maintenant

si offusqué d'vn nuage mortel, que les premieres nouuelles que vous aurez de moy,
seront la fin desesperee de
vostre plus fidelle.

Mon cœur passionné de
regret, ne prédra iamais repos
iusques à ce que mes yeux
ayent iouy de vostre presence
& retour tres-desiré.

La fortune qui renuerse à
tous propos les desseins, à retardé mon retour parvn malheureux destin.

On doit supporter quel-
quesfois l'absence d'vn amy,
pour l'esperance d'vne nouuelle ioye à son retour.

X v

Haſtez voſtre retour, ſi vous
voulez que mon ame n'auance ſon depart.

L'attente de voſtre retour
m'a fait exercer ma patience,
plus long temps que vous ne
le deuiez permettre.

Voſtre retour reparera la
breſche, que voſtre abſence à
faite à mon repos.

L'imagination des douceurs
que mon ame eſpere de receuoir à voſtre venuë, me ſeruent d'vn demy contente-
ment pour flatter l'ennuy que
ie ſouffre à cauſe de voſtre abſence.

fi offufqué d'vn nuage mortel, que les premieres nouuelles que vous aurez de moy, feront la fin defefperee de voftre plus fidelle.

Mon cœur paffionné de regret, ne prédra iamais repos iufques à ce que mes yeux ayent iouy de voftre prefence & retour tres-defiré.

La fortune qui renuerfe à tous propos les deffeins, à retardé mon retour par vn malheureux deftin.

On doit fupporter quelquesfois l'abfence d'vn amy, pour l'efperance d'vne nouuelle ioye à fon retour.

X v

Hastez vostre retour, si vous voulez que mon ame n'auance son depart.

L'attente de vostre retour m'a fait exercer ma patience, plus long temps que vous ne le deuiez permettre.

Vostre retour reparera la bresche, que vostre absence à faite à mon repos.

L'imagination des douceurs que mon ame espere de receuoir à vostre venuë, me seruent d'vn demy contentement pour flatter l'ennuy que ie souffre à cause de vostre absence.

RICHESSE.

L'Abondance des biens de la terre, nous rend le plus fouuent neceſſiteux de ceux du Ciel.

Il eſt tres difficile d'amaſſer de grands richeſſes , & demeurer grand homme de bien.

Il eſt meilleur d'auoir vn bon amy, que pluſieurs richeſſes.

Les richeſſes du monde ſont tributaires au malheur, celles que vous poſſedez prenant leur cours de la diuinité, ont fait leur eſſence immor-

telle, & sont hors des embusches du destin.

Les riches sont ordinairement intollerables aux pauures, & les pauures enuient la
felicité des riches.

Les richesses mal acquises,
engendrent   ordinairement
des courts plaisirs & de longs
ennuis.

Les robes trop longues em-
peschent le corps , & les richesses mondaines l'ame.

Les richesses sont des fascheux hostes , qui payent có-
munément de fueilles, au lieu
de fruict , & nous mettent
en ombre d'vne iouyssance

vainé, au lieu d'vn veritable corps.

Le plus court chemin aux richeſſes , c'eſt de les meſ-priſer : car il eſt plus aiſé de deſdaigner tout, que de poſſeder la plus grande part.

La vie des riches le plus ſouuent eſt miſerable.

Par les richeſſes les villes ſont bandees les vnes contre les autres, les armees dreſſees & affrontees, c'eſt la peſte de la ſocieté ciuile, c'eſt l'eau de depart qui deſ-vnit les freres, voire ſepare le pere d'auec les enfans.

Ceux qui pour cercher l'ac-

croiſſement de leurs richeſſes
en perdentl'vſage,au lieu d'en
eſtre les maiſtres n'é ſont que
les ſoliciteurs.

Comme les feſtins ne ſont
pas aggreables ſans compa-
gnies , ainſi les richeſſes ne
ſont point voluptueuſes ſans
amis.

Qui ſe confie aux richeſſes,
iceluy s'en va en ruine.

Nous voyons tous les threſors humains fondre à la longueur du temps, dans les cof-
fres de la mort.

Ce ne ſont pas les biens
mondains, qui nous rendent
vrais hommes, mais ce ſont

les richesses de l'ame.

Qui vit selon l'opinion n'est iamais riche, & qui vit selon la nature, n'est iamais pauure.

Les moyens seuls sont peres de la noblesse de ce siecle.

Pour enrichir vn homme, il ne faut pas adiouster à ses moyens, mais diminuer à ses desirs.

Celuy là est plus riche que la fortune, qui peut plus refuser qu'elle n'a pouuoir de luy departir.

La richesse est chose precieuse, mais qui gist en la puissance de fortune, qui l'o-

ſte ſouuent à ceux qui l'a-
uoient,& la donne à ceux qui
ne l'eſperoient point,& en fin
eſt le but des larrons.

Les richeſſes ſont comme
les habillemens , leſquels
quand ils ſont de meſure, ſeruent d'ornement & de com-
modité,& quand ils ſont trop
amples, ſeruent d'empeſche-
ment & de difformité.

RIGVEVR.

IE veux que voſtre rigueur
ſerue d'autant d'exercice à
ma conſtance, que d'eternelle
gloire à ma fermeté.

La feuerité perd fon authorité, quand on la met à tous
les iours, car le peuple penfe
que le nombre efface l'infa-
mie.

Toutes les fois que la douleur me donnera quelque
trefue, ie vous efcriray mes
paffions, afin que les cognoif-
fans fi cruelles, vous en ac-
croiffez voftre côtentement.

Ie m'efbahis comme il eft
poffible, qu'auec la grande
beauté & prudence qui eft en
vous, la rigueur & le defdain
vous puiffent commander.

Ie feray qu'au milieu de vos
rigueurs ma patience plante-

ra ses trophees.

La misericorde est morte pour nous, & les rigueurs nous refusent ceste grace, que nous esperions.

Il est necessaire d'estre seuere à faire les loix, au contraire benin & amiable à les executer en ce qu'elles commandent.

N'eclypse point ma vie d'vne nuee de rigueur, mais dissipez ma mort d'vn crayon de pitié.

Ce sont impressions sans forme, de vous imaginer de la rigueur en moy.

Ta rigueur endormira tes

fens, & pour n'ouyr la voix de ta cõfcience, tu feras fourd des oreilles de l'ame.

Souuent la rigueur des loix, trompe l'innocence de nos penfees.

Ie combatray fi viuement voftre rigueur, auec les fideles effets de ma perfeuerance, que mes deuotions me gaigneront, ou voftre amour, ou le tombeau.

Il femble que vos rigueurs, & vos beautez s'accroiffent d'heure à autre, pour mes malheurs,

Roys & Princes, voyez gouuernement.

SAGESSE.

IL n'y a pas vne plus grande
sagesse, ne plus vtile au móde , que d'endurer la folie
d'autruy.

Les hommes ne sont heu-
reux, qu'au temps qu'ils sont
sages & preuoyans.

L'homme sage ne se dit iamais malheureux, ou s'il s'e-
stime tel , il ne doit pas estre
tenu sage.

Le vray moyen de se faire
sage , est de reprendre en soy
mesme ce qu'on trouue de
mauuais en autruy.

Le sage ne peut viure ni en

efperance, ni en crainte , car
rien ne fe peut n'y ofter n'y
adioufter en fa felicité.

La perfection de l'homme
fage en fa doctrine, c'eft d'en
eftre le precepteur & tefmoin.

Le fage doit auffi bien fupporter les vices des mefchans
fans colere , que leur profpe-
rité fans enuie.

Le fage ne doit non plus viure en efperáce qu'en crainte.

Le fage ne fe doit point
douloir des chofes paffees, ne
fe refiouyr des prefentes.

Il faut que noftre ame foit
fage, auparauant noftre langue.

Les esperances de ceux qui sont sages ne sont vaines, mais des imprudens elles sont legeres, vuides & difficiles.

Le precepte du sage nous deffend d'estre iuges entre nos amis.

Comme les estoilles vont contre le cours du monde, ainsi le sage se gouuerne contre les opinions du peuple.

Toute terre est pays à l'homme sage & vertueux, ou plustost nulle terre ne luy est pays.

Le propre du sage, est de pouuoir & ne pouuoir pas nuire : & du fol de le vouloir,

esperance, ni en crainte, car
rien ne se peut n'y oster n'y
adiouster en sa felicité.

La perfection de l'homme
sage en sa doctrine, c'est d'en
estre le precepteur & tesmoin.

Le sage doit aussi bien supporter les vices des meschans
sans colere, que leur prosperité sans enuie.

Le sage ne doit non plus viure en esperáce qu'en crainte.

Le sage ne se doit point
douloir des choses passees, ne
se resiouyr des presentes.

Il faut que nostre ame soit
sage, auparauant nostre langue.

Les esperances de ceux qui font fages ne font vaines, mais des imprudens elles font legeres, vuides & difficiles.

Le precepte du fage nous deffend d'eftre iuges entre nos amis.

Comme les eftoilles vont contre le cours du monde, ainfi le fage fe gouuerne contre les opinions du peuple.

Toute terre eft pays à l'homme fage & vertueux, ou pluftoft nulle terre ne luy eft pays.

Le propre du fage, eft de pouuoir & ne pouuoir pas nuire : & du fol de le vouloir, encor qu'il n'en aye pas le pouuoir.

Le plus sage des mortels n'est pas tousiours sage.

La pratique de sagesse à qui se veut seruir d'exemple, edifie plus que la parole.

SECRET.

NE reuelez vostre secret à personne, sinon qu'il soit autant expedient à ceux qui l'oyent, de le taire, qu'à vous qui leur declarez.

Soyez plus soigneux de garder vostre parole, que l'argent qui vous est baillé en depoſt.

Les choſes bonnes deuien-
nent mauuaiſes, quand elles
viennent hors de propos.

Ne dy point ce que tu ne
voudrois pas ouyr, &n'entens
point ce que tu ne voudrois
pas dire.

Celuy qui ne ſçait rien taire,ne ſçait rien.

Ne faire point vne choſe,
où la faire ſi ſecrettement
que perſonne n'en ſçache
rien , reuient preſque l'vn à
l'autre.

Commandez moy hardi-
ment tout ce qui vous ſera
aggreable, & auec autant de
foy

foy que ie le tairay, comme fi
vous le difiez à voftre propie
ame.

───────────

SILENCE.

SAuoir fe taire, eft vn grand
aduantage à bien parler.

Le filence eft le pere du difcours, & la fontaine de la raifon.

Selon que la langue eft
guidee, elle eft inftrument de
folie, ou de fageffe.

Qui ne fçait tenir fa langue,
eft indigne du titre de l'homme.

La licence des paroles def-

Y

honneftes, attire apres foy de femblables effets.

Ie ne facrifieray iamais au filence le los que ie doy con-facrer à voftre memoire.

Mes paroles font dites fous le toiɛt du filence.

Il vaut mieux chopper des pieds, que de la langue.

Voftre trop long filence a rendu aucunement mon ame douteufe en l'amitié que i'e-fperois de vous.

Le filence accompagne les veritables douleurs, les fou-fpirs & les larmes fót trop peu de chofe pour regretter vn grand malheur.

Vne ame se peut repentir de
ce que la langue aura calom-
nieusement proferé, mais sa
repentance n'efface point les
taches qu'elle fait en l'honneur de l'interessé.

Encor que ie me teusse, mes
seruices parloyent assez pour
moy.

Bien dire & beaucoup,
n'est pas le fait d'vn mesme
ouurier.

Le papier, messager du silence, nous fera entreuoir.

Si i'eusse esté aussi libre à
parler à vous, que i'estois
contraint en mon silence,
vous n'eussiez pas long

temps ignoré ce que ie voulois vous declarer.

SOVHAITS.

LEs souhaits esloignez de
l'honneur, ne sont iamais
suiuis que de tragieques infortunes.

Ie m'estime en l'estat de
parfaite felicité, d'obtenir ce
que ie souhaite, & suis à vous,
pour estre ce qu'il vous plaira.

La loy de nos affections est
de ne desirer rien que nous ne
peussions souhaiter publiquement.

I'ay autant de richeffes que ie fouhaite, ayant ceft heur de vous auoir.

Face le Ciel que vous me foyez auffi fidelle, que vous m'eftes chere.

Dieu vous rende là plus heureufe qui viue, tout ainfi qu'il vous a faite la plus belle & la plus accomplie.

L'acqueft plus glorieux que ie puiffe faire, c'eft celuy de vos bonnes graces, fans lequel celuy de tout le monde ne m'eft rien.

Iamais mes fouhaits n'ont pretendu chofe que la vertu ne doiue auoüer pour legitime.

Ces fouhaits là font des feux pour mon defir, & des cendres, pour mon efperance.

Les fouhaits d'vne belle ame, comme la voftre, ne peuuent eftre diuertis du cours de leurs efperances, qu'auec beaucoup de peines.

Souffrir & endurer.

DE la fouffrance, vient la patience, & la patience fait vaincre.

Il n'y a rien fi equitable que de fouffrir pour foy ce qu'on a ordonné pour autruy.

Ie veux souffrir en vous aymant, & vous aimer en souffrant toutes sortes de maux.

Ie cercheray par patience, ce que ie n'ay peu obtenir par grace.

Il n'y a si cruel effort, qui ne soit surmonté par la patience.

Le Sage porte les inconsiderations du temeraire, auec la mesme patience que le Medecin les iniures du Phrenetique.

Endurer pour vn si digne suiet que vous, c'est enrichir ma côstance d'vn honorable trophee.

Depeindre la patience à celle qui en eſt le vray patron, ſeroit porter à autruy, ce dont il auroit moins faute que moy.

Les afflictions qui ſont portees conſtamment, & auec le contrepoix de la raiſon, nous entretiennent droits & fermes.

La fortune entre ſes benefices nous a donné des ſuiets pour exercer noſtre patience en ceſte miſere.

Si vous ſouffrez quelque deſplaiſir, voſtre ſouffrance eſt pluſtoſt volontaire que forcee.

Le temps apprend toutes
chofes, & à fouffrir , ce qui à
l'inftant femble impoffible.

Endurons tout pour l'hon-
neur de Dieu, & pour le falut
que nous acquerrons par noftre patience.

Accouftumez vous volon-
tairement à endurer , afin de
le pouuoir mieux faire quand
y ferez contrainte.

Soupçon, voyez crainte.

Y v

SOVVENANCE.

SI quelque eftincelle de nos anciennes flammes, volle encores à l'entour de voftre memoire, fouuenez vous de voftre fidelle.

Donnez moy quelques preuues de voftre fouuenir, pour me rendre fociable à la patience, & confoler mes yeux en la perte qu'ils ont fait des voftres.

Mon affection meritoit bien que ie fuffe gratifiée de quelque effet de voftre fou-uenance.

Ce feroit vn erreur, de croi-

re que toutes les grandeurs
du monde, me fçeuſſent bannir le ſouuenir d'vn cœur
que i'aime tant comme le
voſtre.

Ceſt agreable ſouuenir ſert
d'entretien à mes affections,
qui vous paroiſtront partout
auſſi entieres que ie les eſ-
cris.

Il bannit le ſouuenir de ſes
belles amours, pour faire
triópher la gloire d'vne eſperance, auſſi deſeſperee pour
luy, qu'indigne de ſon acqui-
ſition.

Ie n'en perdray iamais la
ſouuenance, ſi premierement

ne periſſent en moy, toutes les parties où la memoire ſe conſerue.

Ie vous promets de garder la ſouuenance de ceſte obligation eternellement viue en ma memoire.

Vos beautez ont ſi imperieuſement commádé en ma ſouuenance, que vous auez eu part en toutes mes conceptions.

Carraſſez le ſouuenir de celuy qui ne cheriſt que le voſtre, afin qu'vn deſeſpoir ancré dans les cœurs ennemis de noſtre contentement, leur face tenir pour impoſſible la ruine de noſtre amour.

Aſſeurez vous que voſtre nom , n'aura pas moins de part en ma ſouuenance, que vous en auez en moy.

TRISTESSE.

LE recit des vieilles douleurs, apporte des nouuelles triſteſſes.

Voſtre honneſteté me donne plus de part en vos faueurs, que ma conſideration ne vous en laiſſe en mes ennuis.

Tous mes eſprits delaiſſez de la raiſon, ont eſté tranſportez par la triſteſſe, dans les deferts d'impatience.

Ie me perfuade que vous ayez reçeu quelque defplaifir, où les triftes effets feruent de pinceau, pour en peindre l'i-dee fur voftre vifage.

I'ay commandé à toutes mes penfees de vous aller trouuer, pour vous raconter au long les trifteffes que vous donnez à ma pauure ame.

Les mefmes chofes qui at-triftent les vns, refiouyffent les autres.

Ie n'ay plus des yeux que pour pleurer, des voix que pour me plaindre, & du fen-timent que pour reffentir mon ennuy.

TROMPER.

MEs souhaits ne font nullemét engagez aux loix de la tromperie.

Il n'y a rien fi fuiet à eftre trompé que la prudence humaine.

Vous auez l'ame trop bien formee, & eftes née auec trop d'honneur, pour liurer voftre foy à eftre violée fous les appafts d'vne deceuante volupté.

Dieu hayt vne ame defguifée, & benift vn amour bafti

sur la baze de l'honneur.

Ne me pipez plus auec les apparences d'vn bien imaginaire, au lieu des peines si veritables où vous me laissez maintenant.

Il n'y a personne si mal né au monde, qui ne se fasche d'errer, d'ignorer, & d'estre trompé.

C'est enseigner à tromper, que le deffier d'estre trompé.

Il n'estoit point besoin de tant d'artifices, la prise de ma facilité estoit assez aisee.

Si les choses futures estoient presentes aux hommes, comme elles leur sont inco-

gneuës,il se trouueroit peu de
gens trompez.

Personne ne peut tromper
plus facilement que luy qui a
reputation de ne pouuoir
tromper.

Si quelqu'vn choisit le faux,
la verité n'est pas pour cela of-
fencee, mais celuy qui se tró-
pe à choisir.

L'effet de la perfidie paroissent vn iour dans vostre
memoire,bastiroit vn temple
aux regrets de vostre repentance.

Vos beaux yeux ont trop de
maiesté, pour seruir de phare
aux appasts d'vn amour si-

mulé.

La verité vient du Ciel , & la tromperie eſt fille des tenebres.

L'apparence de ſoupçon, ſert de couleur à la tromperie.

Sous l'apparence d'vn beau ſemblant , vous nous voulez contenter d'vn indecent artifice.

Es choſes qui trompent ſans dommage , la tromperie eſt agreable.

Vous ſçauez bien meſler les artifices agreables, auec les récontres ſerieuſes.

Ne trompez pas celuy qui

veut brauer la mort, pour affeurer voftre vie.

C'eft monftrer la rofe, & donner l'efpine.

Il y a des chofes ou il vaut mieux eftre trompé, que de fe deffier.

C'eft auffi bien vice de fe fier à tout le monde, que de ne fe fier à perfonne : mais l'vn eft plus honnefte, & l'autre plus affeuré.

Il n'y a rien fi facile que de tromper vne femme, mais la tromperie a autant plus de honte, qu'elle a moins de difficulté.

Prendre confeil d'vn amy

feinct, c'est boire du poison dans vn vase d'or.

C'est le seul Argus qu'il me faut tromper, mais ie ne le puis faire, que vous ne me seruiez de Mercure pour l'endormir.

Violer la foy promise à ses amis est impieté, mais abuser ses ennemis, non seulement est iuste, mais aussi plaisant & profitable.

C'est mal fait de tromper les autres, mais c'est encor pis de se tromper soy-mesme à credit, comme i'ay fait pour vous complaire.

VAINCRE.

VAincre foy mefme, eft œuure tenant plus du celefte que de l'humanité.

Le moyen de vaincre, c'eft de combatre vertueufement.

Vaincre & pardonner, font deux chofes communément familieres aux cœurs nobles & magnanimes.

Ie feray inuincible à tous les coups de la fortune, finon quand vous luy voudrez donner des armes pour m'offencer.

C'eft le fait d'vn grand courage, que ne defirer pas

viure, mais vaincre.

La marque d'vne ame bien
compofee, eft de ne fentir
point la cholere, ou de la fur-
monter.

Il n'y a victoire plus glorieufe, que celle qui s'acquiert
en efpargnant le fang des fiés,
& conferuant l'honneur & la
iuftice de fa caufe.

La vertu fe plaift aux diffi-
cultez, & n'y a chofe fi douce
que de vaincre ce qui femble
inexpugnable.

Vous pouuez vous rendre
inuincible, en ne combattant
que ce que vous pouuez vaincre.

Ie n'ay point deſir de vaincre, où ie ne combats point.

On ne peut vous vaincre, non plus par le bien-dire, que par le bien-faire.

C'eſt vn beau trophee, que de ſe vaincre ſoy-meſme, & pardonner pluſtoſt que de ſe venger.

Aux autres choſes, la fortune a quelque part, mais aux victoires la fortune eſt toute au vainqueur.

C'eſt vne belle choſe de ſçauoir eſtre vaincu, ou la victoire eſt pernicieuſe.

La vengeance qu'on peut prendre d'vn homme, eſt de

le vaincre.

Ie prie le Ciel que voſtre vaillance graue tellement le carractere de la crainte aux ames de vos ennemis, que le but de l'vniuers ſoit le but de vos conqueſtes.

VALEVR.

LEs obligations que nous auons à voſtre valeur, ne peuuent tomber ſous le prix d'aucune recompenſe.

Il portoit en la premiere fleur de ſa ieuneſſe, les marques de ſa valeur imprimees par ſes playes en ſa perſonne.

Voſtre

Voſtre valeur ſecondant vos intentions, pouſſera l'infiny de tos triomphes dans la voûte des Cieux.

Voſtre valeur ſe produiſant en ſiecles eternels , fait cognoiſtre que peut vn beau courage , quand il veut s'exercer.

Le Ciel approuue vos valeurs, la terre les admire, & les hommes les craignent & adorent.

VANITEZ.

LA vertu ſeulle rend nos delices compagnes de

Z

l'infinité: mais vn amour qui a pour fondement les vanitez du monde, nous enterre dans ſa ruine, à l'heure que nos eſperances croyent auoir le but de nos perfections.

Vn deſſein fondé ſur la vertu, ne peut eſtre blaſmé que de ceux qui s'armans de la vanité, font vainement trophee des grandeurs periſſables du ſiecle.

Le deſdain n'a rien de commun à la vertu, la ſeparation d'icelle, & de la vanité à vne eſpace ſi grande, qu'elle ne peut eſtre ternie par la rigueur de l'indiſcretion d'vn courroux paſſionné.

VENGEANCE.

LA plus cruelle vengeance qu'on puiſſe tirer d'vn homme, c'eſt de ne l'eſtimer pas digne de vengeance.

L'offence & la vengeance ne different pas de peché, mais d'excuſe.

Vn grand courage ne venge pas les iniures, par ce qu'il ne les ſent point : car la vengeance eſt confeſſion de douleur, & tout homme eſt moindre que celuy duquel il ſe péſe meſpriſé.

Z ij

Oublier les iniures, ſi c'eſt d'vn moindre, c'eſt luy pardonner, ſi c'eſt d'vn grand, c'eſt pardonner à vous meſme.

Ie ſçay qu'il ne vous manque ni ſuiet de vous courroucer, ni puiſſance de vous venger.

Il faut que l'appetit de ſe venger, ceſſe deuant le ſuiet: car la vengeance oſte le moyen de nuire à peu, & en donne enuie à beaucoup.

VEOIR.

L'Obiect qui eſt oppoſé à la veuë, a ordinairement

plus de force d'efmouuoir le cœur, que ce que l'on fe prefente par idée.

L'obiect qui paroift à la veuë, affeure noftre cognoiffance auec plus de foy qu'vne reprefentation par figure.

Souffrez deformais que mes yeux puiffent receuoir cefte faueur de fe repaiftre de voftre belle veuë à tout le moins vne fois le iour.

On ne pouuoit la voir fans l'aymer, ni ne la pouuoit-on aymer fans la craindre.

Ce m'eft vn arreft inuiolable, de ne recognoiftre point autre terre pour pays, que

celle où i'auray ceſt heur de
vous voir.

Ie vous prie de daigner ac-
cepter mes viſites pour ſeruice,& ma bonne volonté pour
deuoir.

La ioüiſſance de ce que l'on
ayme, eſt le printemps & les
delices de l'ame.

Elle ne ſe peut iamais voir
ſans laiſſer les marques de ſa
veuë aux ames capables d'v-
ne belle impreſſion.

C'eſt vn Paradis que de vous
voir,& c'eſt vn enfer qu'eſtre
loin de voſtre veuë.

VERITÉ.

IE vous feray lire en mes actions, mes paroles autant veritables, que vos merites font eternels.

Ceux qui font profeſſion d'eſtre loüables en leurs actions, ſont veritables en leurs paroles.

La verité n'a qu'vn viſage, & n'y a que les choſes fauſſes qui varient & ſont diſſemblables.

La force de la verité eſt ſi grande, que bien ſouuent elle eſt confeſſee par la bouche de l'ennemy ne le voulant pas.

La verité est maistresse chez
foy, & l'opinion chez les autres.

Il ne faut pas seulement regarder si nous disons la verité, mais si celuy à qui nous le
disons la peut endurer.

Croyez mes paroles aussi
veritables, comme les effets
en seront certains.

La verité est la forme de
nostre entendement.

La verité vient du Ciel, &
la tromperie est fille des tenebres.

Toute la philosophie du
monde ne consiste qu'à bien
entendre la verité.

Ie suis bien aise de vous re-
duire aux termes de la verité,
& desplaisant que vous ayez
tant souffert, pour en auoir la
parfaite cognoissance.

La loüange de la verité est
simple, & n'a besoin d'autre
tesmoignage que du sien.

Le fruict des beaux actes est
de les auoir faits : car hors de
la vertu, il n'y a point d'assez
beaux loyers pour elle.

Celuy qui ferme les yeux &
les oreilles à la verité, laisse
volontiers vne tresmauuaise
opinion de la sincerité de
son ame en la bouche des
hommes.

Z v

J'aurois l'ame autant ingratte qu'infidelle, ſi ie ne croyois vos ſermens, qui ne ſont inſtruits que de la verité.

Il nous faut ouurir & deſſiller les yeux de l'eſprit, afin de penetrer au trauers de la diuine lumiere, iuſques au profond de la verité eternelle.

VERTV.

IL n'y a que la ſeule vertu qui rende vn homme noble.

Ce que la fortune octroye,

la iuftice le tempere entre
ceux qui ont de la prudence
à conferuer, & de la modeftie
à receuoir.

La vertu, qui eft l'ame de
l'honneur, veut ce qui eft propre à l'ame, & non au corps.

La vertu fait que nos amis
nous regardent toufiours, encor que nous foyons efloignez d'eux, & quand les enuieux l'attaquent, elle fçait
triompher de leur enuie.

Il n'appartient qu'à la vertu de faire naiftre vn durable
plaifir.

La vertu va au deuant de
ceux qui la fuyent, elle luit

mefmes à ceux qui ne la fui-
uent pas.

La vertu qui ne peut receuoir le vice pour pair , ne reçoit pas de fupplice pour
compagnon.

Tout ainfi que fous l'orbe
lunaire ne fe void action plus
belle , plus noble , ni plus recommandable que la vertu:
auffi n'eft il chofe plus dif-
forme ni plus blafmable que
les actes qui ne font collo-
quees fous cefte cathegorie.

Vn deffein fondé fur la vertu ne peut eftre blafmé que
de ceux qui s'armans de la vanité , font vainement tro-

phee des grandeurs perissa-
bles du siecle.

Ayant la verité pour guide,
& la vertu pour aide, toutes
vos actions marchent au
compas de la raison.

L'exemple de la vertu des
autres, est vn gage à la nostre,
& leur loüange nous est vne
exhortation à leur ressem-
bler.

Vostre vertu est si bien lo-
gee en mon ame, que l'au-
thorité de sa presence sancti-
fie toutes mes pensees.

A vne vertu qui est rare, ne
se peut donner honneur conuenable.

La vertu ne sçauroit trouuer hors de soy recompense digne d'elle.

Qui poursuit quelque chose auec la vertu, est bien aisé d'auoir vn compagnon à la poursuitte.

La grande vie & la grande vertu, ne se rencontrent gueres ensemble.

Il n'y a rien si doux au monde, ni qui contente plus nostre ame, que le tesmoignage qui rend nostre conscience à la vertu.

Tous les illustres de l'antiquité, sont nos ayeulx quand nous sommes heritiers de leurs vertus & de leurs actiõs.

Vos faits & vos vertus ne font cachez qu'à ceux qui font a naiftre.

La vertu requiert l'orneméz de l'ame & nõ celuy du corps, car eftant de foy naïfue & fimple , elle defdaigne les frefles faueurs de l'artifice.

Voftre vertu a gaigné tant d'auantage dans le plus fort de mes conceptions, que les defpoüilles de cefte victoire fignallant les triomphes de voftre ame en laifferont des marques à mon cœur, iufques au dernier periode de ma vie.

La vertu ne confifte pas en

paroles, mais en belles & genereuses resolutions.

Vos vertus peuuent faire parler les corps du tout inanimez.

Les vertus ont cela de propre, de ne s'attribuer iamais les loüanges de ce qu'elles font.

La nature ne peut establir aucune chose tant haute, que la vertu ne se puisse appuyer à elle.

Vous auez signalé vostre vertu en tant d'endroits, que toutes choses portent les marques de vos honneurs.

Vous ne cognoissez la ver-

tu que par reputation, & ne
la celebrez que par hypocri-
fie.

La vertu a cela qu'elle porte
en foy le merite & la recompenfe.

La vertu n'eft qu'vn nom,
qui fignifie ce que vous
eftes, & vous eftes l'eftre parfait de tout ce qu'elle fignifie.

Vos vertus ont gaigné tel
auantage fur moy, que le partage de ma vie feroit iniufte,
fi elle n'eftoit plus à vous qu'à
moy-mefme.

Vous eftes fi bien partagee
de vertus, qu'on diroit que

vous auez fait le voyage du Ciel, pour apporter ces thre-sors precieux au monde.

La plus forte refistence que la mort puisse trouuer en nous, c'est la vertu.

La vertu (comme dit le Sage) est le repos de la confcience.

Toutes les chofes humaines ont vn temps limité, excepté la vertu, qui regne eternellement.

Chacune de vos vertus à part, vous peut hautemét esle-uer, mais iointes enfemble, elles vous font voifiner la di-uinité.

La vertu defdaigne l'efclat des pompes mondaines, & fe loge pluftoft fous la pauureté, que fous la richeffe.

La vertu eft vne fille du Ciel, indigente des biens du monde, & que l'on ne peut carreffer qu'auec l'efprit, ni l'efpouser qu'auec les mœurs.

La vertu eft l'ancienne ennemie de la tombe, la trompette de la gloire, & le fondement de la nobleffe.

La vertu fert de lumiere à la vie , de temperance aux mouuemens , de frein aux volontez, de patience & de confolation aux infortunez.

VICE.

LE vice n'eſt point aux iours de l'homme, mais aux mœurs de la perſonne.

Il y aura des vices au monde, tant qu'il y aura des hommes.

Le nombre eſt plus grand de ceux qui vont au vice, que des autres qui ſuiuent la vertu.

Quand les vices ceſſent & ne faillent pas en vn homme, ils retournent auec vſure.

Il eſt permis d'attaquer les vices, & chacun y eſt receu

auec fes armes.

Toutes fortes de vices procedent generallement de la corruption de l'ame , mais tous n'ont pas mefme fin & mefme action.

Il faudroit renouueller le monde, pour le purger de cefte maladie, qui vieillit tous les iours auec l'aage.

Mal reuient à l'homme de faire mal, en fe laiffant porter au vice & à la paffion.

Faire mourir fes vices deuant que l'on meure , c'eft voir mourir fes ennemis deuant foy.

Hannibal vainquit par les

armes, mais il fut vaincu par les vices.

C'eſt eſtre bien infame, que de vouloir par la force du vice, offuſquer la vertu de quelqu'vn.

Il ne faut point capituler auec nos vices, car iamais ils ne contractent de bonne foy auec nous.

Il n'y a point de cachette pour le meſchant (diſoit Epicurus)que ſa conſcience ne le deſcouure par tout.

Le vice a cela, qu'il n'eſt pas ſi toſt né, qu'il n'ait ſon Iuge, ſes teſmoins, ſon bourreau, & ſon gibet à ſa ſuitte.

Si vous auez la vertu, vous
auez tout, si vous auez les vices , vous n'auez pas vous
mesmes.

V i e.

L A vie n'est iamais impar-
faite , si elle est honne-
ste.

La vie est bonne, si on vit
auec vertu, & mauuaise, si elle est accompagnee de meschanceté.

La vie est courte à l'homme heureux , mais elle n'est
que trop longue au malheureux

C'eſt au ſuperieur de donner la vie, mais de l'oſter, c'eſt auſſi bien à l'inferieur, car chacun peut tuer contre les loix, mais il n'y a que le Prince qui puiſſe ſauuer contre les loix.

Le viure long temps giſt en la deſtinee, & le viure aſſez en la ſageſſe.

Noſtre vie mortelle & miſerable, n'eſt autre choſe qu'vne ſimilitude d'ombre, & vn fardeau inutil à la terre.

Il eſt quaſi fatal aux perſonnes illuſtres, de ne viure pas long temps.

Noſtre

Noſtre vie eſt comme vne
farce, il eſt queſtion de la
bien ioüer, & non pas longuement.

La vie eſt vne comedie, laquelle il n'importe combien
elle ſoit longue, mais qu'elle
ſoit bien ioüée.

Rien ne nous chatoüille ſi
auant l'eſprit, que la gloire
qui ſe preſente, & ſe promet
à celuy qui ſe comporte ver-
tueuſement en ſa vie.

La vie briefue deffend d'a-
uoir longue eſperance.

C'eſt peu que de viure, les
beſtes viuent, les arbres, &
toutes les plantes, mais c'eſt

beaucoup que de bien viure,
& bien mourir.

La bonne vie est plus aisee,
que la mauuaise, le calme est
en celle là, & les orages sont
en l'autre.

Quelque courte que puisse
estre nostre vie , la science
d'en vser la fait longue.

La parole des hommes ne
peut pas tant, pour persuader
que leur bonne vie.

Nostre vie esclaue, est bien
souuent allongee, pour estre
plus long temps martyree.

La vie est amere sans ioye
& amour.

Il est plus necessaire de re-

garder auec qui vous viuez,
que dequoy vous viuez.

Il est en la puissance de chacun de bien viure, & n'est au
pouuoir de personne de viure
longuement , & toutesfois
chacun regarde de viure longuement, & personne ne tasche à bien viure.

Ceux qui consomment leur
vie à cercher moyen de viure,
ne sont pas viuans, mais desi-
rans viure.

VIEILLESSE.

IL ne nous faut desirer ne
fuir la vieillesse : car ce nous

est vne agreable chose d'e-
ftre long temps auec nous,
quand nous nous sommes
rendus dignes de noftre compagnie.

Les vieilles gens ne meu-
rent iamais fi toft, qu'ils
n'ayent plus vifte qu'on ne
penfoit.

L'on eft tenu de cela à la
vieilleffe qu'elle fait, ne pouuoir ce qu'on doit ne vouloir.

Les riches vieillards ont plus
de prouifion, que de chemin à
faire.

Le moyen de vieillir, eft de
ne rien faire n'y manger par
volupté.

Il n'y a point de plus douce
mort que la vieilleſſe, mais
auſſi n'y en a il point de plus
longue.

C'eſt vne grand' honte de
commencer à viure, quand il
faut acheuer deuant que d'a-
uoir commencé.

Si nous auons veſcu en la
mer, pour le moins mourons
au port.

C'eſt vne grand' honte à
celuy qui a beaucoup d'ans,
de n'auoir autre marque de
ſon aage que la vieilleſſe.

Aa iij

V oe v x.

ESperez de mes vœux, tout ce que pouuez defirer, d'vn qui vous cherift & affectionne de tout fon cœur.

Le Ciel fut fauorable à mes premiers vœux, mais il s'eft monftré rigoureux à mes derniers defirs.

Mon vœu, nourry de vertu, eft tellement Roy de mon ame, qu'il en fera Seigneur à iamais.

Mes vœux font en commun auec les voftres.

Mes proteftations & mes

vœux, enfans legitimes de ma
foy, n'ont iamais aspiré &
n'aspirent en rien ou les regles
de la vertu ne marchent en
teste.

Mes conceptions sont tellement vnies auec le deuoir, que
ie n'ose me persuader le moindre de vos vœux.

Il n'y a point d'obligations
si grandes, qui ne se puissent
recognoistre auec les vœux &
les offrandes.

Quelque part que mes de-
stinées me portent, mes vœux
& mes prieres pour vostre
prosperité, seront continuellement tournées vers le Ciel.

Aa iiij

Ie vous prie d'auoir mes
vœux pour aggreables, & les
recognoiſtre plus entiers qu'i-
mitables.

Mon amitié vous eſt ſi ſain-
tement voüee, que la felicité
tirera ſon eſtre plus parfait, de
l'affection inuiolable que ie
vous porte.

Si vous deſirez ſçauoir de
ma bouche, ce que mon cœur
a voüé à voſtre amour, faites
que le temps, & mes effets le
diſent pour moy.

VNION.

NOs efprits que le Ciel a
vnis , feront toufiours
liez , comme nos volontez
font infeparables.

Nos ames font vnies auec
vne fi ferme vnion , que la
mort mefme ne les pourra
def-vnir.

Ils ont eternellement lié leur
foy, en defliant, fans fcrupule
leurs efperances.

L'vnion de vos noms, femble veritablement reprefenter
celle de vos volontez.

Ils n'auoyent point deux
efprits diuifez, mais vne feule

ame, qui informoit deux corps.

VOLONTE´.

MEs volontez n'auront dorefnauant pour guide que vos commandemens, pour loy que vos defirs , & pour conduite que voftre contentement.

Nos volontez feront infeparables, & nos fortunes communes.

Vne volonté voüée d'vne fainte affection , conduift auec foy vne fin faintement loüable, & hors de la puiffance du malheur.

Ie n'entens point que mes volontez aillent deuant les voftres, ni quelles offencent l'obeiffance que ie vous doy.

Il n'y a point d'autre deftin en mes euénemens, que voftre vnique volonté.

La fortune a vfurpé fur ma volonté, ce que mon deuoir vous referuoit.

Mon cœur formé au patron de vos volontez, peut receuoir toute impreffion de vous, finon vne, qui eft de n'eftre point voftre.

Plus vous m'offrez de bonne volonté, plus vous acquerez

de pouuoir fur moy.

Ou la volonté franche &
libre eft neceffaire, la contrainte ne doit auoir lieu.

Les executions des volon-
tez font plus en la main de
Dieu, qu'au pouuoir de ceux
qui les penfent executer.

Ie n'auray durant mes iours
aucune volonté qui n'obeiffe
à la voftre.

Ce doute me trauaillera,
iufques à ce que vos volontez
m'en ayent efclarcy.

Ce qui s'entreprend vo-
lontairement, n'eft point
trauail.

Tenez ma bonne volonté,

pour vne conqueſte , beaucoup moindre , que voſtre
ambition.

Ie n'ay point d'autre regle
que vos volontez, leſquelles
ont vn abſolu pouuoir ſur les
miennes.

C'eſt la volonté qui oblige
l'homme, & non pas ſa langue.

Y E V X.

LEs yeux d'vn chacun,
comme encheſnez à ſes
regards, ſuiuoyent le mouuement de ſon corps, tout ainſi
que les rochers charmez par

la lyre d'Orphee ſe laiſſoient trainer apres ſes doux accents.

Vos beaux yeux ainſi com-
me deux ſoleils rebouchent
par les eſclairs des rayons de
leur lumiere, la clarté de ceux
qui proches d'vne telle diuinité , ſemblent paiſtre leur
veuë d'vne ſi douce nourriture.

Elle tiroit les cœurs par ſes
yeux, à tous ceux qui eſtoient
là preſens.

Ma vie languiſſante ne
peut auoir vn moment agreable, ſinon ceux auſquels i'ay
quelquefois ceſt heur d'eſtre

en paſſât eſclairé de l'aſtre de vos yeux.

Que la rigueur de vos paroles ne me tuë point, puis que vos yeux me donnent la vie.

Il n'y a point de ſi dangereuſe bleſſeure, que celle qu'on reçoit des yeux.

Le Soleil ne poſſede pas plus de qualitez, pour eſchauffer les corps, que vos yeux en ont pour conſommer mon ame.

Vos yeux iettent tant d'eſclairs, que (comme Soleils) ils reboucheroyent la pointe de la veuë à tous ceux qui les oſent regarder.

Vous auez tellement eſtably voſtre ſouueraineté ſur mon ame, qu'vn ſeul clin de vos yeux diſpoſe de l'eſtat de ma vie.

Si mes yeux vous ont eſ-lancé des eſclairs de ma bonne volonté, mon ame les ad-uoüe.

Il fallut en la fin que ſes de-portemens interpretaſſent ſes œillades , & publiaſſent ce que ſa langue laiſſoit au ſilence.

Les artifices de ſes yeux guidoyent tous cœurs à ſa volonté.

Si toſt que ceſte beauté eſ-

prouuoit fes yeux fur quelque fuiet , il fe donnoit à
elle.

Ils n'ofoyent s'entredonner
autres affeurances de leur affection , que par les yeux , qui
eftant libres, dans leur captiuité, vfurperent pourlors l'office de leurs langues.

Elle recommençoit à par-
ler de fes yeux , defquels vn
feul mouuement defcouuroit
plus de paffion , que tous fes
autres difcours.

S'il eft vray que les yeux
foyent fidelles meffagers de
l'ame, les voftres me font efperer plus de faueurs , que

mon merite ne m'en peut acquerir.

Si l'extrémité où mon ame est reduite par l'effort de vos beaux yeux, vous eſtoit auſſi manifeſte, comme mes deuotions vous ſont fidellement dediées, i'eſperois, que de l'eſtre de mon mal ſortiroit l'eſſence de mon bien.

Ce qui ne plaiſt point à l'œil, eſt odieux au cœur.

F I N.

A L'ENVIEVX, EN
FAVEVR DV SIEVR
Des-ruës.

Z Oyle malgré toy, & tes mordantes dens,
Les agréables fleurs, fleuriront par la France,
Auec celuy lequel les plante ici dedans:
Va doncques autre part vomir ta mesdisance.

De la ville noufue, de Pontorson.

Priuilege du Roy.

ᴴENRY par la grace de Dieu Roy de France, & de Nauarre, A nos amez & feaux les gés tenans nos Courts de Parlement, Preuofts, Baillifs, Seneschaux, ou leurs Lieutenans, & à tous nos Iufticiers & Officiers qu'il appartiendra, falut. Noftre bien amé Theodore Reinfart, Libraire & imprimeur de noftre ville de Rouen : Nous a fait dire & remonftrer qu'il a defir d'Imprimer, ou faire Imprimer vn Liure intitulé *Les Marguerites françoifes, ou Threfor des Fleurs de bien-dire.* Reueuës & augmentées de nouueau par l'Autheur, lequel Liure ledit Reinfart defiroit volontiers mettre en lumiere, mais il doute qu'ayant mis en vente ledit Liure, qu'aucuns marchands Libraires Imprimeurs ou autres le facent Imprimer ou contrefaire, ce qui apporteroit vne grand' perte & dommage audit Reinfart, fi fur ce il ne luy eftoit pourueu de nos lettres de priuilege, & grace fpeciale humblement requerant icelles. Nous à ces caufes defirans que ledit Reinfart iouïffe du fruict de fes impenfe & trauail, luy auons permis & permettons par ces prefentes, d'Imprimer ou faire Imprimer ledit Liure des *Marguerites Françoifes, ou Trefor des Fleurs de bien-dire,* Reueuës & augmentez de nouueau par l'Autheur, en tel volume & carractere qu'il verra bon eftre iceluy vendre, debiter, & diftribuer ainfi que bon luy femblera par tout noftre Royaume : Faifant inhibitions & deffences tres-expreffes à tous nos fubiets de quelque qualité ou condition qu'ils foyent, és villes de Paris, Rouen, Dijon, Thouloufe, Bordeaux, & autres nos Iufticiers & Officiers qu'il appartiendra, d'Imprimer ou faire Imprimer, contrefaire, ou alterer en tout ou partie en aucune forte que ce foit ledit Liure, fans l'expres confentement dudit Reinfart, vendre ne diftribuer contre la teneur de ce noftre priuilege, & ce durant le temps & terme de fix ans reuolus & accomplis du iour que ledit Liure fera paracheué d'imprimer pour la premiere fois, fur peine aux contreuenans de mil liures d'amende, moitié appliquable à nous, & l'autre moitié au fuppliant, & de confifcation de tous les exemplaires Si vous mandons & à chacun de vous commettons & enioignons par ces prefentes chacun endroit foy, comme a luy appartiendra que de noftre prefent priuilege & de tout le contenu cy deffus, vous faites, fouffrez, & laiffez iouyr & vfer plainement & paifiblement ledit Reinfart durant ledit temps, & a ce faire fouffrir & obeir contraignez ou faites contraindre tous ceux qu'i appartiendra, & qui pour ce feront à contraindre par toutes voyes deuës & raifonnables, nonobftant toute clameur de haro, chartre Normande, prife à partie, priuileges, lettres, appellations, & oppofitions formées à ce contraires, en mettant à la fin ou au commencement dudit liure l'extraict dudit prefent priuilege, il foit tenu pour deuëment fignifié. Car tel eft noftre plaifir. Donné à Paris, le fixiéme iour de Mars, l'an de grace mil fix cens fix. Et de noftre regne le dix-feptiéme.

Par le Roy en fon Confeil.

Signé, BRIGARD.

Et feellé du grand fceau de cire iaune fur fimple queuë.

www.ingramcontent.com/pod-product-compliance
Lightning Source LLC
Chambersburg PA
CBHW031345210326
41599CB00019B/2656